政策工具的挤出效应与挤入效应研究

杨子晖 著

2019年·北京

图书在版编目(CIP)数据

政策工具的挤出效应与挤入效应研究/杨子晖著.
—北京:商务印书馆,2019
ISBN 978-7-100-11201-7

Ⅰ.①政… Ⅱ.①杨… Ⅲ.①经济政策—研究
Ⅳ.①F019.6

中国版本图书馆 CIP 数据核字(2015)第 072107 号

权利保留,侵权必究。

政策工具的挤出效应与挤入效应研究
杨子晖 著

商 务 印 书 馆 出 版
(北京王府井大街36号 邮政编码100710)
商 务 印 书 馆 发 行
北京艺辉伊航图文有限公司印刷
ISBN 978-7-100-11201-7

2019年1月第1版　　开本 880×1230 1/32
2019年1月北京第1次印刷　印张 7¾
定价:38.00元

致 谢

本著作获得国家自然科学基金资助项目(71273286)、全国优秀博士学位论文作者专项资金资助项目(201103)以及2017年度国家社会科学基金重大项目(17ZDA073)的资助,在此表示感谢。

目 录

前言 ·· 1

第 1 章　绪论 ··· 8

  1.1　研究背景 ··· 8

  1.2　研究意义 ··· 10

  1.3　研究的新拓展 ··· 13

第 2 章　文献综述 ··· 25

  2.1　IS-LM 模型 ·· 26

  2.2　货币-财政政策协调组合下的挤出效应 ······················· 29

  2.3　充分就业下的完全挤出效应 ······································ 30

  2.4　挤出效应规模大小与政策工具的相对有效性
       ——货币学派与凯恩斯学派之争 ······························· 31

  2.5　不同融资方式下的挤出效应——各理论学派之争
       ··· 32

  2.6　国外研究现状的综述 ··· 35

  2.7　国内研究现状的综述 ··· 54

第3章 我国财政支出是否挤出居民消费——基于政府与居民消费的期内替代与跨期替代 …… 61

- 3.1 引言 …… 61
- 3.2 理论模型 …… 65
- 3.3 协整系数的有效估计方法——完全修正OLS、动态OLS …… 68
- 3.4 协整关系的稳定性检验——递归的协整分析 …… 70
- 3.5 欧拉方程组的估计方法——GMM …… 72
- 3.6 数据说明 …… 73
- 3.7 改革前后消费的期内替代关系分析 …… 74
- 3.8 改革前后消费的跨期替代关系分析 …… 78
- 3.9 本章小结 …… 82

第4章 财政支出是否挤出私人消费的国际研究 …… 84

- 4.1 引言 …… 84
- 4.2 理论模型 …… 87
- 4.3 面板单位根检验方法 …… 88
- 4.4 面板协整检验方法 …… 91
- 4.5 面板协整估计方法 …… 94
- 4.6 亚洲财政支出与私人消费关系的面板协整分析 …… 95
- 4.7 本章小结 …… 100

第5章 财政支出与私人消费关系及影响因素研究 …… 103

- 5.1 引言 …… 103
- 5.2 理论模型 …… 109

5.3	数据说明	112
5.4	财政支出与私人消费关系的检验及估计	113
5.5	影响两者关系因素的非参数相关性检验	120
5.5	本章小结	128

第6章 政府融资对私人投资挤出效应的研究 … 131

6.1	引言	131
6.2	理论模型的拓展	135
6.3	货币发行等融资方式对私人投资挤出效应的模型分析	139
6.4	货币发行等融资方式对私人投资挤出效应的实证分析	143
6.5	国债融资挤出效应的进一步分析	149
6.6	本章小结	153

第7章 政府债务、政府消费与私人消费非线性关系的国际研究 … 155

7.1	引言	155
7.2	面板平滑转换回归模型	162
7.3	数据说明	166
7.4	"线性检验"与"剩余非线性检验"	167
7.5	非线性模型的参数估计	170
7.6	政府消费与私人消费渐进演变非线性关系的进一步讨论	172
7.7	本章小结	175

第8章 货币-财政政策对私人投资的动态影响研究
——基于有向无环图的 SVAR 分析 …………… 177

8.1 引言 ……………………………………………… 177

8.2 货币政策与财政政策对私人投资的传导途径 … 178

8.3 传统分析方法存在的局限性……………………… 180

8.4 最新发展的"有向无环图"分析方法 …………… 183

8.5 协整分析 ………………………………………… 188

8.6 政策变量与私人投资同期因果关系的 DAG 分析
………………………………………………………… 191

8.7 货币政策与财政政策对私人投资的动态影响及挤出效应的进一步讨论分析……………………… 195

8.8 稳健性检验——基于递归的预测方差分解分析
………………………………………………………… 204

8.9 本章小结 ………………………………………… 207

第9章 结论与政策建议 …………………………… 209

9.1 研究结论 ………………………………………… 209

9.2 政策建议 ………………………………………… 212

参考文献 …………………………………………… 215

前　　言

　　私人投资与私人消费是一个国家总需求重要的组成部分,对国民经济的发展有着举足轻重的影响。货币政策与财政政策是宏观调控的两大基本工具,它们在需求管理中的运用是否能达到预期的效果常常成为人们关注的问题。然而,自20世纪90年代中后期以来,我国经济在转轨过程中呈现出以内需不足为主要特征的基本态势,为了刺激有效需求,我国政府实施了一系列旨在促进经济增长的扩张性政策。扩张性政策的实施是否对私人部门支出产生挤出(或挤入)效应？此外,作为货币政策和财政政策结合点的国债政策在调节社会资金供求方面的作用也日益增强,特别是自90年代中后期以来,随着扩张性政策的实施,作为政府重要融资方式之一的国债发行量更是大幅增长。国债融资是否引起政府与民间部门在资金需求上的竞争进而挤出了私人投资？国债融资规模的大幅增长是否引起理性个人对未来税负增加的预期,并由此减少了现期消费,从而引发挤出效应？所有的这些都是我们目前亟需研究的重大问题,对此问题的回答都将直接关系到未来的政策性选择与安排,而国内外学术界对此问题还没完全达成一致的结论。有鉴于此,本书的研究目标就是结合我国实际经济条件,考察政策工具对私人部门支出(私人投资与私人消费)是否产生挤出或挤入效应。

为了克服国内外现有研究文献分析框架的局限性,增进本书结论分析的可靠性与合理性,在研究方法上,本书运用了一系列最新发展的现代计量经济学方法,主要包括:(1)为了有效解决传统时间序列单位根检验以及协整检验的小样本问题,本书在协整框架内对政策工具是否引发挤出(或挤入)效应的问题进行国际比较研究时,采用了最新发展的面板单位根检验、面板协整检验以及面板协整估计方法。而且,在此研究过程中,为了进一步保证结论的稳健性,除了应用第一代面板协整技术方法之外,我们还运用一系列前沿的第二代面板协整技术方法。其中,第一代面板单位根检验方法包括 IPS 检验(Im、Pesaran 和 Shin,2003)、Fisher-ADF 和 Fisher-PP 检验(Maddala 和 Wu,1999;Choi,2001)、Breitung 检验(Breitung,2000),而第二代面板单位根检验方法主要包括 Phillps 和 Sul(2003)、Moon 和 Perron(2004)、Choi(2006)以及 Pesaran(2007)的检验方法;而且,为了保证结论的可靠性,除了运用 Pedroni(1999,2004)检验方法、Westerlund(2005a)CUSUM 检验方法以及 Westerlund(2005b)非参数检验方法之外,我们在面板协整检验过程中还应用了最新发展的 Durbin-Hausman 方法(Westerlund,2008),以克服可能存在的截面相关性问题;另外,面板协整估计则采用 Pedroni(2000)的组间 FMOLS 方法以及 Pedroni(2001)的组间面板DOLS 方法。(2)为了克服传统的 Granger 因果检验和传统方差分解方法的局限性,本书在考察政策工具对私人部门支出的动态影响时,采用了最新发展的"有向无环图技术"(DAG;Pearl,1995,2000;Spirtes et al.,1993;Swanson 和 Granger,1997),以研究政策工具在长短期对私人投资的动态影响。(3)为了结合政府债务规模考察政府消费与私人消费关系的渐进演变,本书首次采用最新发展的面板平滑转换回归模型(González et al.,2005),在非线型的框架下对包括我国在内的多个国家和地区的政府消费与私人消费的关系展开深入研究。(4)在传统的时间序列分析中,本书也采用了一些较为前沿的分析方法,其中在协整估计中,除了采用传统的 VECM 方法,本书运用了完全修正 OLS(Phillips 和 Hansen,1990)、动态 OLS(Stock 和 Watson,1993),并采用了"递归协整分析方法"(Hansen 和 Johansen,1999)对协整关系的稳定性进行检验。此外,本书还采用了递归方差分解分析、非参数相关性检验等一系列较为前沿的计量经济学方法。

为了全面地、系统地阐述政策工具是否引发挤出(或挤入)效应,本书结合最新的理论模型的发展,主要从以下七个方面展开深入的分析与研究:

其一,本书结合新的理论模型的发展,从期内替代与跨期替代的角度,对我国财政支出是否挤出居民消费的问题进行研究,并考察转轨时期我国消费行为的结构性转变。其二,本书结合最新发展的面板协整技术,分别从总体样本以及单位样本两个不同角度,对财政支出是否挤出私人消费的问题进行跨国研究。其三,本书结合非参数检验等相关性分析方法,对财政支出与私人消费关系形成的影响因素进行研究。其四，本书结合我国实际经济条件，在对世代交叠模型进行有益拓展的基础上，从理论分析与经验分析的角度深入地考察了我国货币融资、国债融资等不同融资方式对私人投资的挤出或挤入效应，其中重点考察了不同经济条件下的国债融资对私人投资所具有的不同效应。其五，本书结合新的理论模型的发展，考察国债对私人消费是否产生非线性的影响，其中重点考察了债务规模的扩大是否导致私人消费的减少，从而引发挤出效应。其六，本书在货币-财政政策的框架内，采用最新发展的"有向无环图技术"（DAG），考察了政策工具在长短期对私人投资的动态影响，在对政策工具是否引发挤出效应做进一步讨论的基础上，对货币政策与财政政策这两种政策工具在总需求管理中的有效性进行比较。在此研究过程中，本书结合新的理论发展，从货币政策影响私人投资的"货币渠道"、"信贷渠道"以及财政政策的直接作用机制等角度进行分析。最后是对本书结论的一个全面的概括总结，并在此基础上提出了现阶段完善我国货币政策、财政政策以及国债政策协调机制、增强宏观调控能力的政策建议。

本书研究结果表明：

（1）关于国债融资是否挤出私人投资，本书研究发现，在不同经济条件下，国债融资对我国私人投资具有不同的效应。在1980—2003年总体样本时期内，国债融资在一定程度上减少民间的资金供给，挤出了私人投资。进一步的分析显示，当经济有效需求不足，社会存在着大量闲置资金时，国债的发行并不对私人投资产生挤出效应，且在一定程度上拓展了财政支出的融资空间,增强了财政政策宏观调控的能力。实证结果同时显示,即使在国债产生挤出效应情况下,只要我们把国债资金进行以公共投资为主的经济建设,它的净效应依然为正。因此,政府不仅要在不同的经济条件下把握好国债融资的适当规模,更重要的是坚持好国债资金正确的使用方向。

(2)关于国债融资对私人消费的宏观效应,本书研究发现,随着政府债务的扩大,理性个人由于对未来税负增加的预期而减少了现期消费,从而使得政府消费与私人消费之间的互补程度逐步减弱,并由此形成了两者之间的非线性关系。这就意味着对于通过大规模发行国债而实施的扩张性政策,我们必须加以审慎对待,政府债务的大规模增加可能因挤出效应在一定程度上削弱了政府的支出乘数,并由此降低财政政策在需求管理中的有效性。而且,本书的进一步分析则显示,我国现有的债务水平与国际公认的警戒水平相比仍有差距。因此,我国仍具备可控的国债融资空间,这就使得现阶段依靠赤字性财政政策来刺激消费、拉动内需仍然具有一定的政策操作空间。然而,尽管如此,我们也必须对此时刻保持审慎态度,并在宏观调控中把握好国债融资的合理规模,防范过度扩张的债务规模"挫伤"财政政策刺激消费、促进经济增长的有效性。

(3)关于财政支出是否挤出私人投资,本书研究发现,我国政府的公共投资在提高私人资本边际产出的同时挤入了私人投资,社会文教费的支出则对私人投资有着负影响。因此,当我们分析财政政策特别是赤字性财政政策对经济增长的影响时,我们必须对各项的经常性支出和资本性支出加以区别对待,如果大规模减少公共投资支出,在长期可能将影响私人投资的健康增长,特别是在内需不足、非理性投资热潮退却(如房地产市场投资泡沫破灭)的情形下,由大规模减少公共投资而对私人投资造成的影响可能将进一步凸现。

(4)关于货币政策对私人投资的影响,本书研究表明,扩张性政策在刺激总需求、促进投资时,最终都体现为货币购买力的增加,因此,货币的适度增加有利于促进私人投资的增长。此外,本书结合货币政策的不同传导途径做进一步的深入剖析,研究表明相比较"货币渠道"而言,"信贷渠道"仍是我国现阶段货币政策影响私人投资的主要传导途径,但由于货币到信贷传导环节的断裂,使得"信贷渠道"自身存在着较大的政策局限性。

(5)货币政策缺乏相对的独立性、"信贷渠道"的自身局限性以及利率机制的僵化等原因造成了货币政策对私人投资等实体经济部门影响乏力;相比较而言,由于政府通过财政支出进行的基础设施建设与私人投资成"互补"关系,从而在很大程度上直接挤入了私人投资。此外,由于财政支出并非真实利率上升的潜在因素,而公共支出在总体上并无"挤出"私人投资。因此,我国的财政政策对私人投资有着巨大影响作用,财政政策在总需求管理中更具有效性。

(6)关于我国财政支出是否挤出居民消费,本书研究发现,虽然政府与居民消费的期内替代关系在改革后进一步凸现,但由于居民消费的跨期替代弹性较大,改革后居民与政府消费仍保持着互补关系,财政支出挤入了居民消费,此外,本书还发现,1978年后我国政府与居民消费行为发生了结构性转变;关于财政支出是否挤出私人消费的国际研究,本书分析表明,在本书研究的样本国家和地区及时期内,总体上政府与私人消费成替代关系,政府消费支出在一定程度上挤出了私人消费,降低了乘数效应。与此同时,在对单位样本的比较分析中我们发现,不同的样本的政府消费与私人消费呈现出不同的互补(或替代)关系,这就为未来财政政策的选择与安排进一步提供了参考依据。

(7)关于财政支出与私人消费关系的影响因素分析,本书结合非参数相关性检验研究表明,替代弹性与政府规模(国防支出比重)没有显著的相关关系,这就意味政府规模与国防支出比重并非替代程度大小的决定性因素,Karras(1994)以及 Evan 和 Karras(1996)有关替代弹性与政府规模(国防支出比重)成正(负)相关关系的结论并不成立。

目前,结合我国实际经济条件对政策工具是否引发挤出效应的问题展开综合性、系统性的研究仍较少。本书运用最新发展的现代计量经济学方法,结合我国转轨经济的特点,从各个崭新的角度对该命题展开深入的阐述与分析,并对现有研究文献的做了有益的拓展和补充。此外,本书不仅增进了学术界关于政策工具是否引发挤出效应问题的理解,而且有助于我们重新审视并检验债务中性理论、新古典理论、凯恩斯理论以及货币学派等相关理论在中国的适用性。因此,本书对于拓展转轨经济条件下政策工具的挤出与挤进效应的研究具有重要的学术价值。

与此同时,本书的结论与政策建议为政策当局对我国未来货币政策、财政政策及国债政策的选择与安排提供理论分析与实证检验的参考依据。因此,本书对于完善我国宏观需求调控机制,提高宏观经济决策的科学性和系统性具有重要的实用价值。

第 1 章 绪 论

1.1 研究背景

私人投资与私人消费是一个国家总需求重要的组成部分,对国民经济的发展有着举足轻重的影响,私人投资与私人消费作为拉动经济发展的两大引擎,在 2005 年已经分别占支出法国内生产总值的 48.44% 和 37.98%。[①] 与此同时,货币政策与财政政策是宏观调控的两大基本工具,它们在需求管理中的运用是否能达到预期的效果常常成为人们关注的问题。然而,进入 20 世纪 90 年代中后期,我国经济在转轨过程中呈现出以内需不足为主要特征的基本态势,为了刺激有效需求,我国政府实施了一系列旨在促进经济增长的扩张性政策,如放松银根、增加财政支出等,并使得货币供应量及财政支出不断增加(见图 1-1)。扩张性政策的实施是否对私人部门支出产生挤出(或挤入)效应?此外,作为货币政策和财政政策结合点的国债政策在调节社会

---

① 根据《中国统计年鉴(2006)》的数据计算所得,以下的数据引用,除非特别说明,均来自相关年份的《中国统计年鉴》。

资金供求方面的作用也日益增强,自1981年起我国对内恢复发行国债①,国债发行规模逐年扩大,特别是自20世纪90年代中后期以来,随着扩张性政策的实施,作为政府重要融资方式之一的国债发行量更是大幅增长(见图1-2)。国债融资是否引起政府与民间部门在资金需求上的竞争进而挤出了私人投资?国债融资规模的大幅增长是否引起理性个人对未来税负增加的预期,并由此减少了现期消费,从而引发挤出效应?所有的这些都是我们目前亟需研究的重大问题,对此问题的回答都将直接关系到未来的政策性选择与安排,而国内外学术界对此问题还没完全达成一致的结论。此外,我国在转轨过程中呈现出的独特的经济结构决定了政策工具对私人部门支出影响的复杂性,而目前结合我国实际经济条件对此问题展开综合性、系统性的研究仍较少,因此,政策工具与私人部门支出的关系问题已成为目前具有理论和现实意义的研究课题,政策工具在总需求管理中的运用是否引发"挤出效应",从而降低政策的执行效果以及社会资金的运用效率也成为目前学术界和政府当局关注的问题。有鉴于此,本书的研究目标就是结合我国实际经济条件,考察政策工具对私人部门支出(私人投资与私人消费)是否产生挤出或挤入效应。在此研究过程中,本书运用最新发展的现代计量经济学方法,结合最新的理论模型的发展,从各个崭新的角度进行全面、系统的阐述与分析,由此得出富有启发意义的结论,并在此基础上提出了现阶段完善我国货币政策、财政政策以及国债

---

① 我国政府从1979年开始重新对外发行国债,1981年开始重新对内发行国债。

政策协调机制、增强宏观调控能力的政策建议。

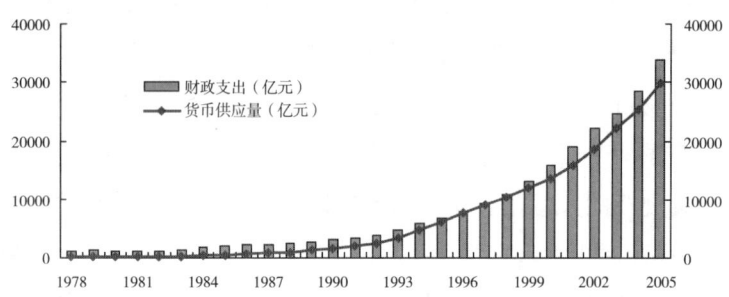

图1-1 1978—2005年中国财政支出总额及货币供应量

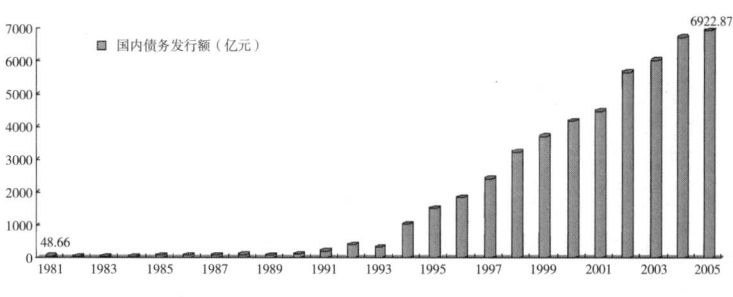

图1-2 1981—2005年我国国债发行规模

1.2 研究意义

本书结合我国实际经济条件,考察政策工具对私人部门支出(私人投资与私人消费)是否产生的挤出(或挤入)效应,并探索其背后的形成机制及影响因素,具有重要的现实意义和理论意义。

首先,本书具有重要的现实意义。这是因为私人投资与私人消费是一个国家总需求重要的组成部分,对国民经济的发展有着举足轻重的影响;货币政策与财政政策是宏观调控的两大基本工具,它们在需求管理中的运用是否能达到预期的效果常常成为人们关注的问题。然而,进入20世纪90年代中后期,我国经济在转轨过程中呈现出以内需不足为主要特征的基本态势,为了刺激有效需求,我国政府实施了一系列旨在促进经济增长的扩张性政策。扩张性政策的实施是否对私人部门支出产生挤出(或挤入)效应?此外,作为货币政策和财政政策结合点的国债政策在调节社会资金供求方面的作用也日益增强,特别是自90年代中后期以来,随着扩张性政策的实施,作为政府重要融资方式之一的国债发行量更是大幅增长。国债融资是否引起政府与民间部门在资金需求上的竞争进而挤出了私人投资?国债融资规模的大幅增长是否引起理性个人对未来税负增加的预期,并由此减少了现期消费,从而引发挤出效应?所有的这些都是我们目前亟需研究的重大问题,对此问题的回答都将直接关系到未来的政策性选择与安排,而国内外学术界对此问题还没完全达成一致的结论。因此,本书基于我国实际经济条件,研究政策工具对私人部门支出是否产生挤出(或挤入)效应,它将有助于人们正确评价我国政策工具的宏观效应,同时也为政府对我国未来货币政策、财政政策及国债政策的选择与安排提供理论分析和实证检验的参考依据。此外,本书在得出富有启发意义的结论的基础上,提出了现阶段完善我国货币政策、财政政策以及国债政策协调机制、增强宏观调控能力的政策建议,从而使得本书对于完善我国宏观需求调控机制、提高宏观经济决策的科学性和系统性具有重要的实际应用价值。

再者,本书具有重要的理论意义。这是因为本书运用最新发展的现代计量经济学方法,结合我国实际经济条件,从各个崭新的角度进行全面、系统的阐述与分析,并对现有研究文献做了有益的拓展和补充。关于政策工具对私人部门支出是否产生挤出(或挤入)效应这个问题,我国学者已从相关的角度进行了较好的阐述,本书则在此基础上,尝试着进行有益的拓展和补充,结合最新的理论模型的发展,从各个崭新的角度展开研究:其中结合消费的期内替代与跨期替代考察我国财政支出对私人消费是否产生挤出效应,结合非参数检验等相关性分析方法考察财政支出与私人消费关系的影响因素,结合债务规模考察国债对私人消费的非线性影响,结合不同经济条件考察我国不同融资方式(货币融资、国债融资等)对私人投资的挤出或挤入效应,结合货币政策影响私人投资的"货币渠道"、"信贷渠道"以及财政政策的直接作用机制,考察政策工具在长短期对私人投资的动态影响。此外,我国在转轨过程中呈现出的独特的经济结构决定了政策工具对私人部门支出影响的复杂性,而目前结合我国实际经济条件对政策工具是否引发挤出(或挤入)效应的问题展开综合性、系统性的研究仍较少,而且从目前国内现有的研究成果看,大多数只停留在定性的理论分析,真正以中国实际经济条件为依据的定量研究仍较少。因此,本书结合我国特定经济条件,理论分析与经验分析相结合,从各个崭新的角度考察政策工具是否引发挤出(或挤入)效应,是对现有研究文献的一个有益的拓展和补充。与此同时,本书不仅增进了学术界关于政策工具在我国特定经济条件下是否引发挤出效应问题的理解，而且有助于我们重新审视并检验IS-LM模型（"希克斯-汉森模型"）、债务中性理论（李嘉图等价命题）、新古典理论、凯恩斯理论以及货币学派等相关理论在中国的适用性。因此，本书对于拓展转轨经济条件下政策工具的挤出与挤进效应的研究具有重要的学术价值。此外，在此研究过程中，最新发展的现代计量经济学方法（如面板协整分析方法、有向无环图技术）的运用，则在很大程度上增强了本书分析框架的有效性，进而提高了结论分析的可靠性。

1.3 研究的新拓展

本书对即有研究的新拓展主要体现在"研究视角的创新"、"分析方法的创新"以及"具有创新意义的结论与政策建议"等三个方面，分别如下：

1.3.1 研究视角的创新

本书基于我国实际经济条件，结合最新的理论与模型的发展，从各个崭新的角度深入地考察了政策工具对私人部门支出是否产生挤出（或挤入）效应，并对现有研究文献的做了有益的拓展和补充，从而使得本书在研究视角上具有很强的创新性。主要包括如下：

(1)有关财政支出是否挤出居民消费的问题上,我国很多学者已从不同角度对其进行了很好的阐述,如结合实际利率考察财政支出对居民消费产生的影响,结合融资方式考察政府支出对居民消费的影响,结合"拥挤效应"考察政府消费对居民消费的影响,结合支出结构考察财政支出对居民消费的影响,等等,其中代表性的研究如曾令华(2000)、刘溶沧和马拴友(2001)、胡书东(2002)、王志涛和文启湘(2004)及李广众(2005)等。但目前尚无结合消费的跨期替代弹性以及两者的期内替代弹性对财政支出与居民消费的关系问题做进一步的分析。因此,本书尝试着在现有研究的基础上做一个有益的补充,结合新的理论模型的发展,研究我国居民消费与政府消费之间的期内替代弹性,以及两者各自的跨期替代弹性,并由此检验两者之间的互补(替代或无关)关系。与此同时,本书研究的样本期选择为1960—2003年,涵盖了改革前和改革后两个时期,以考察转轨时期我国消费行为的结构性转变。

(2)有关财政支出是否挤出居民消费的问题上,国内现有的大部分研究主要集中在对我国这一单一国别的研究,有关跨国比较的研究几乎没有。因此,本书尝试着在现有研究的基础上做一个有益的补充,结合最新发展的面板单位根检验及面板协整检验等方法,对巴基斯坦、菲律宾、日本等10个亚洲国家和地区进行跨国比较,分别从总体样本以及单位样本两个不同角度检验各国政府消费与私人消费之间的互补(替代或无关)关系。

(3)有关财政支出是否挤出居民消费的问题上,我国学者主要针对财政支出与私人消费关系这一问题进行分析,却没有在此基础上对影响两者关系的因素进行研究,特别是缺乏对"政府规模是否决定着替代程度大小"这一问题做进一步的探究。而我国自1998年以来为启动内需而实施的积极财政政策,使得政府消费支出不断增加,已从1998年的约950亿元增长到2003年的15000亿元左右,因此,对此问题的研究同样有着重要的现实意义,它关系到未来财政政策的选择与安排。因此,本书尝试着在现有研究的基础上做一个有益的补充,对中国、中国香港和丹麦等30个国家和地区进行跨国研究,在分析各国政府消费与私人消费关系的基础上,结合非参数检验及回归分析等方法,考察替代弹性的大小是否与政府规模正相关、是否与国防支出比重负相关。

(4)有关政策工具是否挤出私人投资的问题上,现有大多数研究主要关注的是财政支出的总量影响,很少结合不同的融资方式以及不同的支出类别进行研究。因此,本书尝试着在现有研究的基础上做一个有益的补充,基于我国特定经济条件,通过模型分析与实证分析相结合,深入研究并比较了我国货币融资和国债融资等融资方式以及不同类别的财政支出对私人投资的挤出(或挤入)效应,其中重点考察了不同经济条件下的国债融资对私人投资所具有的不同效应。

(5)最近,关于国债发行的宏观效应的研究有了新的发展,Sutherland(1997)、Berben和Brosens(2007)与Bhattacharya和Mukherjee(2010)等人的理论与经验分析均表明财政政策对私人消费的宏观效应依赖于政府债务水平。随着政府债务规模的扩大，理性个人由于对未来税负增加的预期而减少了现期消费，并由此削弱了政府支出的乘数效应，进而引发挤出效应；而在国内有关公共债务宏观效应的研究上，很多学者已从不同角度进行了很好的阐述，如考察公共债务对私人投资的影响，考察公共债务对经济增长的影响，考察公共债务对实际利率和通货膨胀的影响，其中代表性的研究如尹恒和叶海云（2005）、尹恒（2006）以及马拴友等（2006）。但目前仍较少结合债务规模考察公共债务对私人消费是否产生非线性的影响，然而对"政府债务规模等是否为财政政策宏观效应的影响因素"这一问题展开深入研究具有重要的学术价值与现实意义。这是因为近 20 年来，为了对总需求进行有效调控并促进经济的稳定发展，赤字性财政政策在世界各主要国家得到了广泛的运用，由此导致政府债务规模的不断攀升。随着债务规模的扩大，政府债务对私人消费的宏观效应正日益成为学术界与政策当局广泛关注的问题。与此同时，我国自 20 世纪 90 年代中后期以来为启动内需而实施的积极财政政策，使得政府消费支出不断增加，伴随着扩张性政策的实施，作为政府重要融资方式之一的国债发行量更是大幅增长，而且现阶段四万亿支出计划的实施更是驱动着未来政府债务规模的显著攀升。在此背景下，对"政府债务规模是否为政府与私人消费关系的影响因素"这一问题展开深入研究具有重要的现实意义，它关系到我国未来财政政策的选择与安排。有鉴于此，本书尝试在现有研究的基础上做一个有益的补充，首次采用最新发展的面板平滑转换回归模型（González et al.，2005），在非线型的框架下对包括我国在内的多个国家和地区的政府消费与私人消费的关系展开深入研究,其中重点考察了债务规模的扩大是否导致私人消费的减少,并由此引发挤出效应。

(6)在货币-财政政策的框架内,本书采用最新发展的"有向无环图技术"(DAG),考察政策工具在长短期对私人投资的动态影响,在对政策工具是否引发挤出效应做进一步讨论的基础上,对我国货币政策与财政政策在总需求管理中的有效性进行比较。在此研究过程中,本书结合新的理论发展,从货币政策影响私人投资的"货币渠道"、"信贷渠道"以及财政政策的直接作用机制等角度进行分析。

1.3.2 分析方法上的创新

为了克服国内外现有研究文献分析框架的局限性,在研究方法上,本书运用了一系列最新发展的现代计量经济学方法。最新发展的现代计量经济学方法的运用,不仅在很大程度上增强了本书分析框架的有效性,提高了结论分析的可靠性,而且也使得本书在分析方法上具有很强的创新性。具有创新意义的分析方法主要包括如下:

(1)前沿的面板单位根检验、面板协整检验和面板协整估计技术的运用。在国内外应用协整分析框架、考察政策工具是否引发挤出(或挤入)效应的现有研究文献中,大多数是采用传统时间序列协整分析方法,并针对某个具体国家而展开的研究,而各国宏观数据时间跨度较小的这一局限,常常成为实际经验分析中的不足。现有的研究表明，传统时间序列单位根检验常常因样本期较短而使其检验功效低下（Pierse 和 Shell，1995），而 Shiller 和 Perron（1985）、Perron（1989，1991）与 Pierse 和 Snell（1995）等人的研究也发现，传统时间序列协整检验方法的检验效果同样也受限于样本的时间跨度，而扩大时间跨度又可能遭遇"结构突变"等问题（Pedroni，2004，p.598）。因此，为了有效解决传统时间序列单位根检验以及协整检验的小样本问题，本书在协整框架内对政策工具是否引发挤出（或挤入）效应的问题进行国际比较研究时，采用了最新发展的面板单位根检验、面板协整检验以及面板协整估计方法。而且，在此研究过程中，为了进一步保证结论的稳健性，除了应用第一代面板协整技术方法之外，我们还运用了一系列最新发展的第二代面板协整技术方法。其中，第一代面板单位根检验方法包括 IPS 检验（Im、Pesaran 和 Shin，2003）、Fisher-ADF 和 Fisher-PP 检验（Maddala 和 Wu，1999、Choi，2001）以及 Breitung 检验（Breitung，2000），而第二代面板单位根检验方法主要包括 Phillps 和 Sul（2003）、Moon 和 Perron,（2004）、Choi（2006）以及 Pesaran（2007）的检验方法；面板协整检验主要采用了 Pedroni（1999，2004）检验方法、Westerlund（2005a）CUSUM 检验方法、Westerlund（2005b）非参数检验方法以及最新发展的 Durbin-Hausman 方法（Westerlund，2008）；面板协整估计分别采用了 Pedroni（2000）的组间 FMOLS 方法以及 Pedroni（2001）的组间面板 DOLS 方法。面板协整技术在研究中的综合运用，有效地克服了研究过程中宏观数据时间跨度较小的这一不足，增强了本书分析框架的有效性，进而提高了结论分析的可靠性。

（2）最新发展的有向无环图技术（DAG）的运用。在国内外应用VAR分析框架考察政策工具在动态传导过程中是否引发挤出（或挤入）效应的现有研究文献中,大多数是采用传统的Granger因果检验方法以及传统的方差分解方法。然而,现有的研究表明,由于没有考虑变量间的同期因果关系,以及过分地关注变量间因果关系的统计显著性等方面而使得传统的Granger因果检验方法存在着一定的局限性（Sims,1972,p.545;Sims,1980,p.20;Abdullah和Rangazas,1988,p.682）,而传统的方差分解方法（如最常用的Choleski方差分解及Bernanke方差分解）虽然考虑了经济变量的经济显著性,却在正交化（orthogonalize）过程中对扰动项施加了主观判断的关系结构（Bernanke,1986;Cooley和LeRoy,1985;Swanson和Granger,1997）。因此,为了克服传统的Granger因果检验和方差分解方法的不足,本书采用了最新发展的有向无环图技术（DAG;Pearl,1995,2000;Spirtes et al.,1993;Swanson和Granger,1997）,以研究政策工具（货币、财政政策）在长短期对私人投资的动态影响。最新发展的DAG技术的应用,为我们提供了一个基于数据（data-determined）的客观分析平台,它清晰而形象地刻画出私人投资与政策变量间的同期因果关系,而在此之前关于政策变量与实体经济部门之间的同期因果关系,我们还缺乏清晰的认识。更重要的是,对同期因果关系的识别也为我们客观地对VAR扰动项进行结构性分解创造重要的先决前提,进而在很大程度上增进了本书分析框架的有效性与合理性,从而为我们分析货币政策与财政政策在长短期对私人投资的动态影响提供了客观的参考依据。

（3）最新发展的面板平滑转换回归技术方法（PSTR）的应用。本书在非线性的框架下对政府债务、政府消费与私人消费关系的渐进演变进行跨国研究时,采用最新发展的面板平滑转换回归技术方法（PSTR,González et al.,2005）。该体制转换（regime-switching）分析方法可对模型的相关参数进行灵活的设定,即它不仅可以有效地刻画出政府消费与私人消费关系参数在截面单位间的异质性（heterogeneity）变化,而且也可以有效地刻画出两者关系参数随时间的推移而产生的非稳定性的变化,更重要的是它允许两者关系参数随着转换变量做平滑的非线性转变。

（4）在传统的时间序列分析中,本书也加入了一些较为前沿的分析方法。如在对协整关系的稳定性进行检验时,运用了递归协整分析方法（Hansen 和 Johansen,1999）,对协整阶数与协整系数的稳定性进行检验；在协整估计中,除了采用传统的 VECM 方法之外,本书还运用较为前沿的估计方法,包括完全修正 OLS（Phillips 和 Hansen,1990）、动态 OLS（Stock 和 Watson,1993）；进行方差分解分析时,本书运用了"递归的预测方差分解分析"（基于 DAG）进行稳健性分析；此外,本书还运用了非参数相关性检验等方法。

（5）本书延续了相关经典文献的建模思想,结合我国特定经济条件,对世代交叠模型进行了有益的拓展,以考察在我国特定经济条件下货币融资、国债融资等不同融资方式对私人投资的影响。

1.3.3 具有创新意义的结论与政策建议

本书运用最新发展的现代计量经济学方法,从各个崭新的研究视角展开深入地阐述与分析,从而获得了富有启发意义的新的结论与政策建议。富有启发意义的结论与政策建议的提出,将对完善我国宏观需求调控机制,提高宏观经济决策的科学性和系统性具有重要的实用价值。具有创新意义的结论与政策建议主要包括如下:

(1)关于国债融资是否挤出私人投资,本书研究发现,在不同经济条件下,国债融资对我国私人投资具有不同的效应。在1980—2003年总体样本时期内,国债融资在一定程度上减少民间的资金供给,挤出了私人投资。进一步的分析显示,当经济有效需求不足、社会存在着大量闲置资金时,国债的发行并不对私人投资产生挤出效应,且在一定程度上拓展了财政支出的融资空间,增强了财政政策宏观调控的能力。实证结果同时显示,即使在国债产生挤出效应情况下,只要我们把国债资金进行以公共投资为主的经济建设,它的净效应依然为正。因此,政府当局不仅仅要在不同的经济条件下把握好国债融资的适当规模,更重要的是坚持好国债资金正确的使用方向。

(2)关于国债融资对私人消费的宏观效应,本书研究发现,公共债务对私人消费具有非线性的影响:即随着政府债务的扩大,理性个人由于对未来税负增加的预期而减少了现期消费,从而使得政府消费与私人消费之间的互补程度逐步减弱。这就意味着对于通过大规模发行国债而实施的扩张性政策,我们必须加以审慎对待。债务规模的扩大可能将导致私人消费的减少,从而引发挤出效应,并在一定程度上削弱了政府支出的乘数效应,进而降低了政策工具在需求管理中的有效性。

(3)关于财政支出是否挤出私人投资,本书研究发现,我国政府的公共投资在提高私人资本边际产出的同时挤入了私人投资,社会文教费的支出则对私人投资有着负影响。因此,当我们分析财政政策特别是赤字性财政政策对经济增长的影响时,我们必须对各项的经常性支出和资本性支出加以区别对待。如果大规模减少公共投资支出,在长期可能将影响私人投资的健康增长,特别是在内需不足、非理性投资热潮退却(如房地产市场投资泡沫破灭)的情形下,由大规模减少公共投资而对私人投资造成的影响可能将进一步凸现。

(4)关于货币政策对私人投资的影响,本书研究表明,扩张性政策在刺激总需求、促进投资时,最终都体现为货币购买力的增加,因此,货币的适度增加有利于促进私人投资的增长。此外,本书结合货币政策的不同传导途径做进一步的深入剖析,研究表明相比较"货币渠道"而言,"信贷渠道"仍是我国现阶段货币政策影响私人投资的主要传导途径,但由于货币到信贷传导环节的断裂,使得"信贷渠道"自身存在着较大的政策局限性。

(5)货币政策缺乏相对的独立性、"信贷渠道"的自身局限性以及利率机制的僵化等造成了货币政策对私人投资等实体经济部门影响乏力;相比较而言,由于政府通过财政支出进行的基础设施建设与私人投资成"互补"关系,从而在很大程度上直接挤入了私人投资。此外,由于财政支出并非真实利率上升的潜在因素,而公共支出在总体上并无"挤出"私人投资,因此,我国的财政政策对私人投资有着巨大影响作用,财政政策在总需求管理中更具有效性。

(6)关于我国财政支出是否挤出居民消费,本书研究发现,虽然政府与居民消费的期内替代关系在改革后进一步凸现,但由于居民消费的跨期替代弹性较大,改革后居民与政府消费仍保持着互补关系,财政支出挤入了居民消费。此外,本书还发现:1978年后我国政府与居民消费行为发生了结构性转变;关于财政支出是否挤出私人消费的国际研究,本书分析表明,在本书研究的样本国家和地区及时期内,总体上政府与私人消费成替代关系,而在对单位样本的比较分析中我们发现,韩国和斯里兰卡两国的政府消费与私人消费成显著的替代关系,政府消费支出在一定程度上挤出了私人消费,降低了乘数效应,与此同时,巴基斯坦、菲律宾、马来西亚、日本和印度这5个国家的政府与私人消费呈现出显著的互补关系,这就为各国未来财政政策的选择与安排进一步提供了参考依据。

(7)关于财政支出与私人消费关系的影响因素分析,本书结合非参数相关性检验研究表明,替代弹性与政府债务水平成正相关关系,而与政府规模以及国防支出比重等其他因素并无形成显著的相关关系。这就充分地表明,政府规模与国防支出比重等并非影响政府与私人消费关系的决定性因素,Karras(1994)以及Evan和Karras(1996)有关替代弹性与政府规模(国防支出比重)成正(负)相关关系的结论并不成立。这同时也意味着政府消费与私人消费所形成的特定的替代(互补或无关)关系,不仅仅取决于政府支出规模等某些特定因素,同时也取决于为弥补财政支出所采取的融资方式等因素。因此,现阶段只要我国政府在增大财政支出的同时,合理地把握好国债融资的适当规模,并通过实施结构性减税、扩大财政补贴规模等方式进一步提高城乡居民的收入,那么随着政府支出规模的不断增加,政府消费与私人消费的替代关系将不会由此而进一步凸现,而政府在宏观调控中促进消费、带动内需方面的作用也将不会由此而呈现减弱态势。

第 2 章 文献综述

挤出效应,指的是政府通过向公众(企业、居民)和商业银行借款实行扩张性政策,由于引起了实际利率的上升和借贷资金需求上的竞争,或与私人部门支出形成了某种替代关系,导致私人支出的减少。其中私人支出主要包括私人消费与私人投资。从这一概念出发并依据现有的相关理论,我们可以把引发挤出效应的作用机制概括为以下四种:第一,扩张性政策的实施引起了实际利率的上升,从而抑止了私人支出,特别是私人投资;第二,政府在融资过程中向公众借款,引起了政府与私人部门在借贷资金需求上的竞争,进而减少了私人部门资金的可获得性,并由此抑止了私人部门支出;第三,随着国债发行规模的扩大,理性个人由于对未来税负增加的预期而减少了现期消费,从而引发挤出效应;第四,财政支出与私人消费(或私人投资)形成了替代关系,财政支出的增加导致了私人消费(或私人投资)的减少,进而对私人消费(或私人投资)产生了直接的挤出效应。

下面将对国内外研究政策工具是否引发挤出(或挤入)效应的相关文献展开全面的回顾与梳理,以充分了解这一研究领域的发展轨迹,及时掌握最新的研究动态,从而为研究我国政策工具对私人部门支出是否产生挤出(或挤入)效应的问题提供一个国际比较和借鉴的平台。

2.1 IS-LM 模型

"希克斯-汉森模型"(又称 IS-LM 模型)是考察挤出效应的经典模型,它通过分析商品市场和货币市场的一般均衡,描述了扩张性政策在不同经济条件下的不同效应:如图 2-1 所示,当经济陷入"流动性陷阱"区域,LM 曲线处于或接近水平状态,货币需求对利率非常敏感,这时政府的扩张性支出不会引起利率的上升而挤出私人投资,从而财政支出发挥着完全的乘数效应;当经济进入了"古典区域",LM 曲线处于或接近垂直状态,货币需求的利率弹性非常之低,财政支出导致了利率的上升,利率的上升挤出了同等规模的私人支出(特别是私人投资),从而财政支出有着完全的挤出效应;当经济处于"古典区域"与"流动性陷阱"区域之间,财政支出产生了部分的挤出效应。

由以上对 IS-LM 模型的阐述,我们可知,挤出规模的大小取决于:(1)支出乘数的大小。乘数越大,IS 曲线水平移动的规模就越大,产出就有着更大规模的增加。(2)货币需求的利率弹性,即货币需求对利率的敏感程度。当货币需求的利率弹性较高,LM 曲线较平坦,这时,因财政支出的增加而导致利率上升的幅度就越小,从而产生较小的挤出效应;反之,当货币需求的利率弹性较小时,LM 曲线较为倾斜,此时,货币需求的增加将导

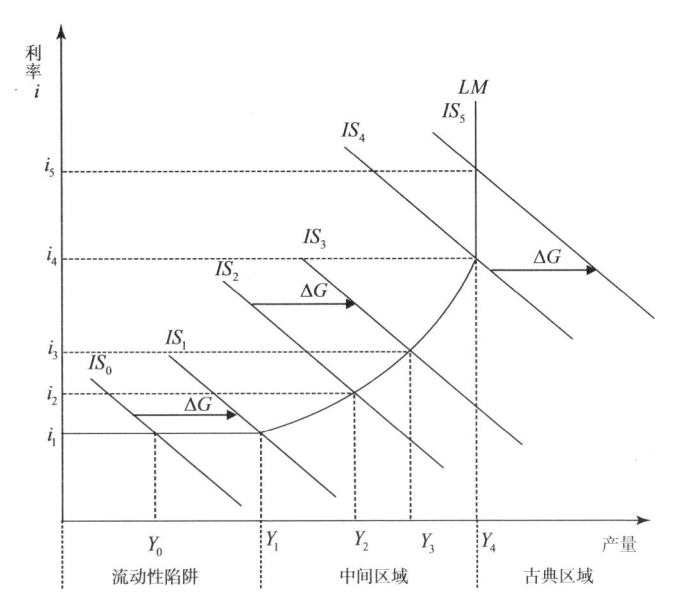

图 2-1 不同经济条件下的挤出效应

致利率较大幅度的上升,从而挤出了较大规模的私人投资,如图 2-2 所示,随着货币需求利率弹性的降低,LM 曲线越来越陡峭,这时,当政府增加同等规模的财政支出时,弹性较低的 LM 曲线将导致利率更大幅度的上升,从而挤出了更大规模的私人投资。(3)投资的利率弹性,即投资对利率的敏感程度。当投资的利率弹性越大,IS 曲线越平坦,这时,利率变动一定幅度所引起的投资变动的幅度就越大,因利率上升而挤出的私人投资的规模就越大;反之,当投资的利率弹性越小,IS 曲线越陡峭,利率变动一定幅度所引起的投资变动的幅度就越小。如图 2-3 所示,由于 IS_1 曲线所代表的投资利率弹性较小,这时 IS_1 曲线比 IS_2 曲线更陡峭,而当政府增加同等规模的财政支出 $Y-Y_0$

时,代表较小的投资利率弹性的 IS_1 曲线挤出的私人投资的规模为 $Y-Y_1$,而代表较大的投资利率弹性的 IS_2 曲线则产生了较大的挤出效应,其规模为 $Y-Y_2$。

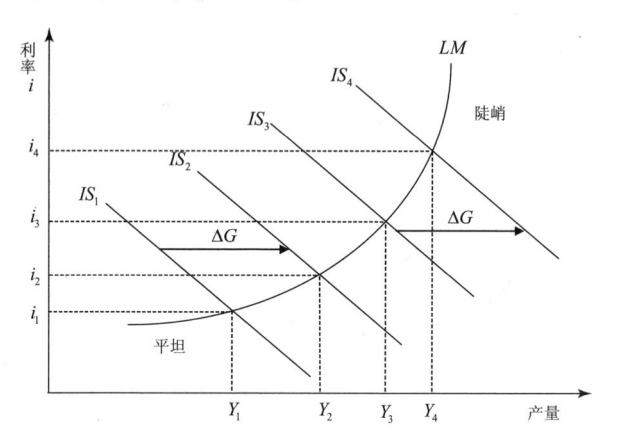

图 2-2 货币需求利率弹性的高低与挤出效应的大小

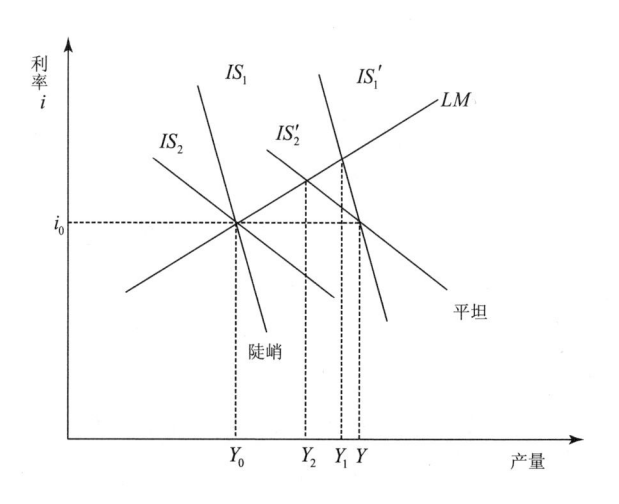

图 2-3 投资利率弹性的高低与挤出效应的大小

2.2 货币-财政政策协调组合下的挤出效应

IS-LM 模型也表明,在实施扩张性财政政策的同时,货币当局可通过实施适应性的货币政策,来降低挤出效应发生的程度与可能。如图 2-4 所示,由于政府实施扩张性财政政策,IS 曲线移至 IS′,使得利率从 i_0 上升至 i_1,进而部分挤出了私人投资($Y'-Y''$),与此同时,由于政府实施扩张性的货币政策,LM 曲线移至 LM′,均衡位置上的利率仍处于 i_0 水平,挤出效应并未出现,财政政策发挥了完全的乘数效应。这说明了宏观调控时货币政策与财政政策协调的重要性,强调政府可通过增加货币供给

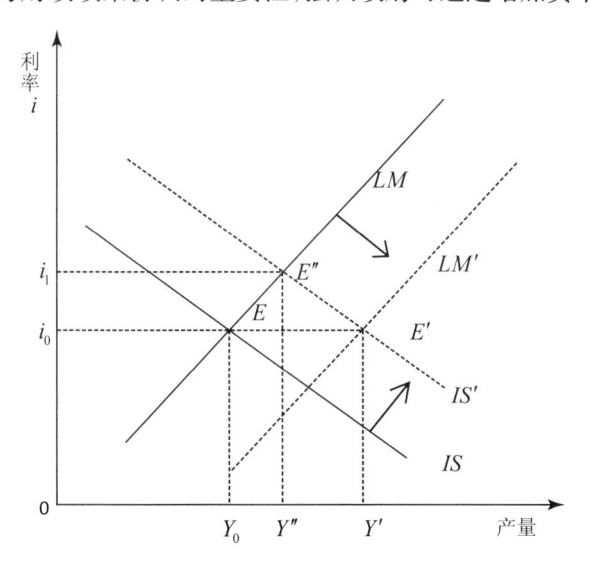

图 2-4 货币-财政政策协调组合以降低挤出规模

来降低利率,刺激经济发展。

此外,我们还必须看到,财政支出在刺激总需求、促进投资时,最终都体现为货币购买力的增加上。因此,我们在实施扩张性财政政策的同时,必须实施适应性的货币政策,以保持货币供应量健康、稳定的增长,较好地满足经济增长需要。

2.3 充分就业下的完全挤出效应

依据以上有关 IS-LM 模型的阐述,我们可知扩张性的财政支出引起了产出与收入的增加,产出与收入的增加提高了货币需求,从而引发了利率的上升,而在货币需求利率弹性非常之低的古典情形下,则发生了完全的挤出效应。然而,在充分就业的情形下,完全挤出效应同样存在着发生的可能。这是由于在供给一定的条件下,财政支出导致了价格的上升,而价格的上涨导致了实际货币存量的下降,从而引发了利率的上升,并挤出了同等规模的私人支出。对于这两种完全挤出效应的情形,多恩布什和费希尔(1997,p.172)将其概括为,前一种挤出效应"是一种需求现象",而充分就业下的挤出效应则"是一种供给现象"。下面我们将结合图示具体描述充分就业下完全挤出效应的产生机制。如图 2-5 所示,在充分就业的假定下,产量在 Y^* 保持固定不变,E 为初始的均衡点,财政支出的增加使得 IS 曲线移至 IS′处,过度的需求将迫使厂商提高产出,如果允许厂商通过扩大产量来满足增加的需求,新的均衡点将移至 E',然而在充分就业的假设下,超额的需求只会提高价格而无法增加产出,因此,价格的上升降低了实际的货币存量,导致了 LM 曲线的向上平移,直至达到新的均衡点 E''。在新的均衡点 E'',实际利率上升并减少了私人支出,而产出保持不变,即发生了完全的挤出效应。

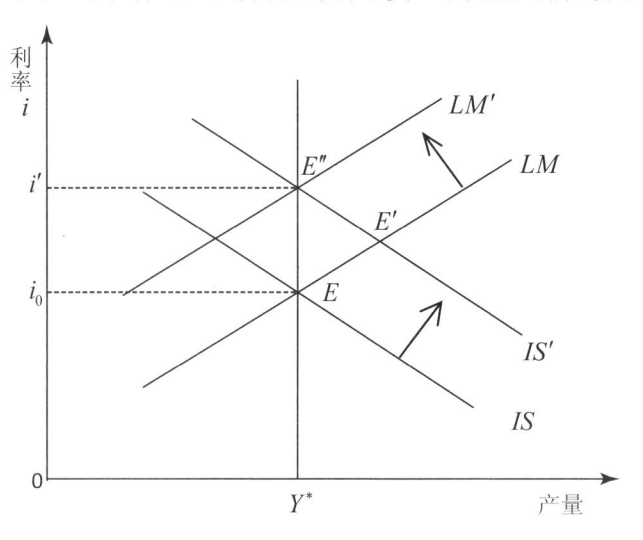

图 2-5　充分就业下的完全挤出效应

2.4　挤出效应规模大小与政策工具的相对有效性 ——货币学派与凯恩斯学派之争

货币学派认为,政府支出在提高总需求的同时,因抬高了实际利率而产生了完全挤出效应,即"挤出"了同等规模的私人支出,从而完全抵消了扩张性财政政策的效应;而凯恩斯学派则认为,尽管政府支出的增加的确提高了利率,从而降低了私人支出,但产生的只是部分的挤出,私人支出的减少并无法完全抵消政府支出的增加,因此,总需求将获得增加。正如米什金(1998,p.545)所指出的,挤出效应程度的大小,正是"货币学派与凯恩斯学派关于总需求曲线的观点的分水岭"。

在现实情形中,特别是在有闲置资源的经济条件下,LM曲线并非完全垂直,挤出仅仅是"一个程度的问题"(多恩布什和费希尔,1997,p.111),完全挤出效应的极端情形难以出现;而且,扩张性政策在提高利率的同时,也将导致收入的上升,收入的上升将促使储蓄增加,进而为政府提供更多的赤字融资而无需挤出私人支出的资金来源。

此外,基于挤出效应规模大小的不同观点,货币学派与凯恩斯学派对于政策工具在总需求管理中的相对有效性有着不同的观点:传统的凯恩斯学派认为财政政策在影响实体经济方面具有相对的有效性,然而由于财政政策可能引致"挤出效应"而降低乘数效应;货币主义学派则认为货币政策在决定经济绩效中发挥着更大的作用。货币学派-凯恩斯学派之争引起了学术界对货币政策与财政政策相对有效性的广泛讨论。

2.5 不同融资方式下的挤出效应——各理论学派之争

2.5.1 新古典学派

新古典学派的观点是基于以下两点假设:(1)完全资本市

场上,个人是在跨期最优解中做出消费决策;(2)消费者具有无限期界,而资本市场在每期中均迅速出清。在此假设下,新古典学派认为,政府的融资方式对财政政策的宏观效应有着重要的影响,政府在实施扩张性财政政策同时,采取了减税的融资方式,在促进了消费的同时降低了国内储蓄。因此,在封闭经济中,随着储蓄的减少,为了保持资本市场的出清,投资与储蓄所决定的均衡利率将被抬升,而利率的上升则降低了长期资本积累,并挤出了私人投资。此外,新古典学派还指出,在开放类型的小经济体中,政府预算赤字对利率将几乎不产生影响。①

2.5.2 凯恩斯学派

关于融资方式的宏观效应,新古典学派着眼于长期效应,而凯恩斯学派则对短期效应进行分析。凯恩斯学派则认为,由于在现实中人们常常着面临流动性约束,减税的融资方式将立即对总需求产生影响,特别是在非充分就业的情形下,国民收入将通过乘数效应获得增加。同时,凯恩斯学派也承认,虽然在提高产出的同时也导致了货币需求的增长,并由此抬高了实际利率,但并不意味着就会产生较大的挤出效应。

2.5.3 李嘉图等价命题

李嘉图等价命题则是分析政府融资方式宏观效应的另一个

---

① 关于新古典学派理论的详细阐述,有兴趣的读者同样可参阅 Bernheim (1989,pp.55 - 60)。

重要的分析框架。李嘉图首先阐述其基本思想，而巴罗（1974）在完美市场、无限期界、理性预期等前提假设下，对李嘉图等价命题进行重新表述。李嘉图等价命题认为，国债融资与税收融资是等价，无论哪种融资方式对私人部门行为都不产生影响，而巴罗（1974）更是指出，财政政策的宏观效应主要取决于政府支出规模，而与融资方式关系不大。具体来说，李嘉图等价定理指的是为政府支出筹措资金而采取任何专门措施的方法问题是无关紧要的。更确切地讲，选用征收一次性总付的税收，还是发行政府公债来为政府支出筹措资金，均既不影响居民户的消费，也不会影响资本的生成（《新帕尔格雷夫经济学大辞典》第四卷，第187页）。这是由于代表性个人是具有远见的，并意识到政府征收税收的规模取决于政府的支出，而与税赋征收的时间选择无关，政府通过发行国债减少了现在税赋的征收，在个人充分意识到政府跨期预算约束时，现在税赋的减少则意味着未来税赋的增加，代表性个人将为未来可能增加的税赋进行更多储蓄，而且在巴罗（1974）"利他主义"的假定下，代表性个人同样关注他们子女的消费效应。因此，代表性个人并不会因为可支配收入的增加而增加其现期的消费。同时，在信贷市场自由进入的假设下，代表性个人将由持久性收入决定其消费水平（Barro，1974），因此，国债的发行对总需求没有任何实际效应。然而等价命题的成立依赖于其较强的假定：（1）个人具有无限期界的消费决策行为；（2）资本市场是完美的，即个人没有面临流动性约束；（3）消费者是理性的和有远见的；（4）未来的收入和税收的确定；（5）税收是非扭曲的（non-distortionary）。基于以上假定以及现实中存在的可能与假定相违背的因素,关于"等价命题"是否成立,最终可归结为"一个实证检验的问题"(《新帕尔格雷夫经济学大辞典》第四卷,第 191 页),而且,从制定政策的角度来看,"重要的问题不在于该定理是否能真正成立,而在于是否存在着对于该定理从数量关系上说是重大的背离"(《新帕尔格雷夫经济学大辞典》第四卷,第 191 页)。

以上是对这一研究领域的相关经典理论的一个全面回顾,下面将对国内外这一研究领域的模型分析与经验分析的相关文献做进一步的梳理,且分为以下两大部分进行具体阐述:一为有关政策工具对私人投资的挤出效应研究文献的回顾与述评;二为有关政策工具对私人消费的挤出效应研究文献的回顾与述评。

2.6 国外研究现状的综述

2.6.1 有关政策工具对私人投资的挤出效应研究

关于政策工具是否挤出私人投资,现有国外大量的文献对此问题展开了深入的阐述与研究,下面将结合不同的研究视角以及不同的分析框架对相关文献进行一个全面的回顾:

(1)考察国债融资是否挤出私人投资。关于国债发行对私人部门的宏观效应,传统理论认为:在短期,国债发行促进了总需求进而带动了经济的发展；在长期，国债发行挤出了私人投资，进而降低了国民收入水平（Elmendorf 和 Mankiw，1998）。这是因为在短期，国债发行提高了居民的当期可支配收入，进而促进了私人消费的增长，扩大了内需。同时，由于在短期经济处于或接近凯恩斯情形，内需的扩大则导致了国民收入水平的提高。然而，在长期由于经济处于或接近古典情形，粘性价格、粘性工资等在凯恩斯情形下发挥着重要作用的因素将显得不再那么重要，此时，国债的发行将降低国内储蓄（私人储蓄加上政府储蓄）水平，抬高实际利率，从而引发了国内投资水平的下降。此外，Aiyagari 和 McGrattan（1998）则通过模型演绎表明，国债发行将通过抬高利率挤出投资，进而降低人均消费水平。

（2）考察财政支出是否挤出私人投资。关于政府支出对投资的效应，长期以来存在着两种不同的观点。传统的观点认为，财政支出挤出（crowd out）了私人投资，而非传统的观点则认为财政支出挤入（crowd in）了私人投资。以上两种不同观点的背后，各有着大量的实证支持。其中，Fisher（1993）用跨地区截面数据时间序列回归方法研究发现，政府的预算盈余与投资存在着正相关关系；Bairam 和 Ward（1993）研究了 25 个经济合作与发展组织（OECD）国家，发现其中有 24 个国家的政府支出对投资有着负效应的影响；而 Levine 和 Renelt（1992）用跨地区回归方法研究政府消费支出对投资的影响，发现两者之间并不存在显著关系。

除了不同的实证支持，"挤出"和"挤入"这两种观点也有着相应的理论基础，其中最具代表性的是"希克斯-汉森模型"（又称 IS-LM 模型)。它通过分析商品市场和货币市场的一般均衡,描述了财政支出的不同效应。由上面的分析可知(详见 2－1 节对"IS-LM 模型"的相关阐述),IS-LM 模型的发生机制是通过利率这个中间媒介传导的,即财政支出的扩大可能提高了利率从而产生挤出效应,对此,国外的相关文献有了大量的研究,结论也不尽相同。Plosser(1987)早期的研究发现,预算赤字与利率不存在显著的相关性;而 Knot 和 de Haan(1995)对 5 个欧洲国家的预算赤字和公共债务与利率关系的研究中,发现赤字导致了利率的上升,且 Knot 和 de Haan(1999)对德国的财政赤字与长期利率的关系研究表明,赤字与利率之间存在着正相关的关系。此外,Correia-Nunes 和 Stemitsiotis(1995)对 10 个 OECD 国家的跨国研究也发现,赤字对名义长期利率和真实长期利率均有着显著的正影响。

但通过利率引发挤出效应的这一传导机制在我国却未必成立,这是因为我国的利率尚未市场化,它是由央行控制的官方变量,也就是说货币市场和商品市场的变化并不一定导致利率变动,这一点在现有研究中也得到了经验支持。如曾令华(2000)研究表明,我国实际利率的变动并非由政府支出的扩张引起的;刘溶沧和马拴友(2001)通过研究利率与财政赤字的线性回归关系,发现我国预算赤字与利率并无显著关系。因此,把 IS-LM 理论模型作为检验我国财政支出挤出效应的理论基础,并不十分妥当。

近年来,经济学界新的发展又为我们研究中国财政支出效应提供了新的启发。Aschauer(1989)从新的角度提出了自己的观点,他认为当公共支出作为生产要素投入与私人资本互补时,公共投资将对私人投资产生挤入效应,这是因为当公共支出与私人资本互补时,私人资本的边际生产率随着公共投入的增加而上升,因此,公共投资促进了私人投资。在Aschauer(1989)对美国公共投资与私人投资两者关系的研究中,认为公共投资的增加在初始时将产生挤出效应,这是由于公共投资的增加提高了全国投资水平,因此,理性个人将降低私人投资,从而导致私人投资的被"挤出";然而,由于公共投资与私人投资成互补关系,因此,随着时间的推移,挤出效应将逐步为挤入效应所取代,公共支出的净效应将呈现为"挤入效应"。此外,在结合具体样本期进行经验分析时,Aschauer(1989)研究表明在短期存在着"一对一"的挤出效应,而长期则呈现出"挤入"效应,从而获得了对他以上观点的"经验支持"。Barro和Sala-i-Martin(1995)认为,公共消费与私人消费可成为替代品,这样,当公共消费增加时,私人消费将减少,并使得私人储蓄增加、进而挤入了投资。Karras(1994)则进一步补充认为,公共消费与私人消费同样可成为互补品。此后,De Long和Summers(1992)、Erenburg(1993)、Easterly和Rebelo(1993)、Erenburg和Wohar(1995)及Argimón等人(1997)等的实证研究支持了类似观点。

此外,Aschauer(1989,p.185)认为,"当考察财政支出效应时,仅仅考虑总的支出水平是不够的,更重要的是进行分类区分"。对此,Laopodis(2001)结合支出结构对希腊(1960—1997)、爱尔兰(1960—1996)、葡萄牙(1960—1997)及西班牙

(1960—1997)欧洲4国的政府支出与私人投资的关系进行分析,研究表明西班牙的政府消费等支出挤出了私人投资,而对于其余3国,政府支出促进了私人投资。他的研究还表明,在这4国中,政府国防支出对私人投资并无显著影响。此外,巴罗(1990)在研究政府支出、投资及经济增长的关系时,将政府支出分为非生产性服务支出和生产性服务支出两类。他的研究表明,政府的非生产性支出对产出有着负效应,而生产性的支出则促进了产出。这样,当政府非生产性支出对投资所带来的负效应大于(小于)了生产性支出的正效应时,政府总支出将在总体上呈现出"挤出(挤入)效应"。

由此可见,政府总支出这个宏观指标已经不能全面、深入地揭示出政府各项支出的实际效应,而需把政府支出分类研究,这将为我们理解政府支出与投资的关系提供更加重要的信息。有鉴于此,本书将结合支出结构考察财政支出对私人投资的挤出(或挤入)效应。

(3)结合融资方式考察财政支出的效应,成为该领域研究的另外一个分析角度。巴罗(1990)研究税收融资下的政府支出效应,发现高的收入税收减少了税后的投资利润,进而降低了私人投资。Sutherland(1997)从理论上阐述,当政府发行规模适度的财政债务时,政府支出将产生乘数效应,而当政府进行过度的债务融资时,政府支出将产生挤出效应。Sutherland的这一理论观点在Elder(1999)的经验研究中得到了验证。Elder(1999)对德国等4国的比较分析中发现,当德国过度地发行债务而使其变得难以持续时,政府支出挤出了私人投资。此外,Ahmed和

Miller(2000)比较债务融资和税收融资这两种不同融资方式下的政府支出效应,发现税收融资下的政府支出对私人投资有着更大的挤出效应。

(4)在货币-财政政策的框架内考察政策变量在长短期对私人部门支出的动态影响,在对政策工具是否引发挤出效应做进一步讨论的基础上,比较两种政策工具在总需求管理中的有效性是这一领域另外一个分析角度。依据前部分对 IS-LM 经典模型的阐述,我们可知,财政支出可通过利率效应影响私人投资,即财政支出的增加提高了实际利率进而"挤出"了私人投资。然而,除了通过"利率途径"对私人投资产生间接的影响之外,财政政策可因"互补"或"替代"关系而对私人投资产生直接影响,即当财政支出与私人投资成"互补"(或"替代")关系时,财政支出挤入(挤出)了私人投资(Aschauer,1989)。而关于货币政策对私人投资的作用机制,依据传统的金融理论,我们可知货币政策通过"货币渠道"影响实体经济,其中最典型的是凯恩斯的"利率途径",即货币供应量的增加降低了实际利率,进而影响了投资,结合流程图可表示如下:货币供应量 $M \Rightarrow$ 利率 $i \Rightarrow$ 投资 I。此外还包括"资产价格途径"、"汇率途径"等。然而,随着均衡信贷配给理论(Stiglitz 和 Weiss,1981)和 CC-LM 模型(Bernanke 和 Blinder,1988)提出,近年来的研究则表明,除了传统的"货币渠道",货币政策同样可通过"信贷渠道"影响私人投资,而"信贷渠道"则认为货币供应量的增加不仅影响传统的货币市场,而且通过信贷市场带动了银行贷款规模的扩大,进而促进了投资,即货币供应量 $M \Rightarrow$ 银行贷款 $CR \Rightarrow$ 投资 I;基于以上政策工具不同的作用方式以及传导机制,不同的学派对这两种政策工具在需求管理中的相对有效性有着不同的观点。传统的凯恩斯学派认为财政政策在影响实体经济方面具有相对的有效性,然而由于财政政策可能引致"挤出效应"而降低乘数效应,货币主义学派认为货币政策在决定经济绩效中发挥着更大的作用。因此,近年来随着计量经济学方法的发展,结合不同的传导途径,对货币政策、财政政策与私人投资在长短期的动态关系进行研究,在对政策工具是否引发挤出效应做进一步讨论的基础上,比较分析货币政策与财政政策在总需求管理中的有效性,正成为这一研究领域的另外一个分析角度。其中,Ansari(1996)结合方差分解与脉冲响应考察印度的货币供应量和财政支出与产出的动态关系时发现,在影响实体经济方面财政政策比货币政策更具有效性,与此同时,由于公共支出挤入了私人投资而使得财政支出的增加促进了产出的增长;Owoye 和 Onafowora(1994)对非洲 10 个国家的研究表明,坦桑尼亚等 5 个非洲国家的财政政策具有相对的有效性,然而,由于财政政策所引致的"挤出效应",南非、肯尼亚、摩洛哥、加纳以及尼日利亚 5 个非洲国家的货币政策更具有效性。

在以上研究政策工具对私人投资挤出效应的现有文献中,所采用的研究框架主要分为两类:(1)结构经济模型分析框架。在此类的分析框架中,代表性的研究如 Aschauer(1989),他以公共投资为回归变量,分别考察了私人投资模型以及边际产出模型,并由此得出公共投资与私人投资以及公共投资与边际产出的关系结论。然而,这就从理论和经验分析上先验地假定了公共投资的外生性,不可避免地存在着一定的主观局限性;(2) VAR 分析框架。VAR 分析框架在避免过度依赖设定的结构经济模型的同时,能对政策变量与私人投资的动态关系进行有效分析,同时,也能有效避免变量外生化的局限性。此外,VAR 分析方法也提供了一个统一的分析框架,从而能对不同政策工具对私人投资的影响力度进行有效比较。其中代表性的研究如 Voss(2000),他基于新古典理论,在 VAR 分析框架下对美国(1947 年第 1 季度—1988 年第 1 季度)和加拿大(1947 年第 1 季度—1996 年第 4 季度)两国公共投资对私人投资的影响进行比较分析,研究表明两国的公共投资并无挤入私人投资,反而在一定程度上挤出了私人投资。另外,Ansari(1996)同样在 VAR 分析框架中考察了印度的货币供应量和财政支出与产出的动态关系时发现,在影响实体经济方面财政政策比货币政策更具有效性,与此同时,由于公共支出挤入了私人投资而使得财政支出的增加促进了产出的增长。此外,在国内外应用 VAR 分析框架考察政策工具在动态传导过程中是否引发挤出(或挤入)效应的现有研究文献中,大多数是采用传统的 Granger 因果检验方法以及传统的方差分解方法。然而,现有的研究表明,由于没有考虑变量间的同期因果关系以及过分地关注变量间因果关系的统计显著性等方面而使得传统的 Granger 因果检验方法存在着一定的局限性(Sims,1972,p.545;Sims,1980,p.20;Abdullah 和 Rangazas,1988,p.682),而传统的方差分解方法(如最常用的 Choleski 方差分解及 Bernanke 方差分解),虽然考虑了经济变量的经济显著性,却在正交化(orthogonalize)过程中对扰动项施加了主观判断的关系结构（Bernanke,1986;Cooley 和 LeRoy,1985;Swanson 和 Granger,1997）。为了克服传统的 Granger 因果检验和方差分解方法的不足,本书采用了最新发展的有向无环图技术（DAG;Pearl, 1995, 2000; Spirtes et al., 1993; Swanson 和 Granger,1997）,即通过分析扰动项之间的（条件）相关系数,以正确识别扰动项之间的同期因果关系,进而为正确设定 VAR 扰动项的结构关系提供客观依据,以研究货币政策、财政政策与私人投资的相互影响关系。

2.6.2　有关政策工具对私人消费的挤出效应研究

（1）国债对私人消费的宏观效应研究。关于公共债务宏观效应的研究由来已久,传统的经济学理论认为,在短期国债的发行提高了居民的可支配收入,进而促进了私人消费的增长,而内需的扩大则进一步提高了国民收入水平（Elmendorf 和 Mankiw,1998）。此外,作为分析债务宏观效应的另外一个重要理论框架——李嘉图等价命题则认为,由于国债融资与税收融资是等价的,因此,私人消费行为与公共债务并无显著关系,财政政策的宏观效应主要取决于政府支出规模,而与融资方式的关系不大（Barro,1974）。

最近,关于公共债务宏观效应的研究有了新的发展,理论与经验分析均表明公共债务对私人消费有着非线性的影响,即公共债务的扩大可能导致私人消费的减少,进而引发挤出效应。其中,Sutherland(1997)结合有限期界的消费者模型,首次从理论上阐述当政府发行较小(或中等)规模的公共债务时,财政政策将对私人消费产生传统的"凯恩斯(乘数)效应";而当政府进行过度的债务融资,财政政策对私人消费将产生"收缩效应"。Sutherland 的这一理论观点在 Bhattacharya(1999)与 Berben 和 Brosens(2007)的经验分析中得到了验证。其中,Bhattacharya(1999)在对奥地利、法国和日本等 12 个 OECD 国家的实证研究中发现,当政府的净债务水平较低时,居民消费倾向与公共债务并无显著关系;而当净债务水平攀升至 30%—35% 之后,两者将呈现出负相关关系,即随着公共债务规模的增加,居民的消费倾向将逐步下降。此外,Berben 和 Brosens(2007)在面板协整框架中对 17 个 OECD 国家进行经验分析,研究表明政府债务与私人消费存在着非线性关系:当政府债务规模较小时,政府债务对私人消费产生正效应;当债务规模较大时,债务将对私人消费产生负效应。由此可见,无论是在 Sutherland(1997)的理论研究中,还是在 Bhattacharya(1999)与 Berben 和 Brosens(2007)的经验分析中,政策工具在总需求管理中的宏观效应依赖于公共债务水平,随着债务规模的扩大,理性个人由于对未来税负增加的预期而减少了现期消费,并由此引发挤出效应,从而形成了政策工具的非线性效应。

在国内研究国债宏观效应的现有研究文献中,仍较少结合债务规模考察公共债务对私人消费是否产生非线性的影响,而我国近十年来特别是 1994 年以来国债发行量大幅增长,关于此问题的研究同样具有重要的现实意义,它关系到我国未来的政策性选择与安排:如果随着债务规模的扩大,公共债务将对私人消费产生负效应并由此引发"挤出效应",则意味着对于通过大规模发行国债而实施的扩张性政策,我们必须加以审慎对待。有鉴于此,本书将结合新的理论模型的发展,对包括中国等发展中国家在内的 36 个样本国家和地区进行跨国研究,以考察公共债务对私人消费是否产生非线性的影响。

(2)在考察政策工具对私人消费是否产生挤出效应的研究领域中,分析财政支出与私人消费之间的互补(替代或无关)关系是其中重要的研究内容之一。当政府支出与私人消费成互补关系时,则意味着政府支出的增加促进了私人消费,而当两者成替代关系时,则意味着政府支出的增加在一定程度上挤出(减少)了个人消费,从而降低了财政支出的乘数效应。因此,对政府支出与私人消费之间的互补(替代或无关)关系进行检验显得十分重要,它不仅是我们考察政策工具是否产生挤出效应的重要内容,而且也有助于我们正确评价财政政策的宏观效用,并为政府对未来财政政策的选择与安排提供参考依据。

第一,关于这一研究领域新的分析视角。有关政府支出与私人消费关系的研究由来已久,传统的宏观理论认为,政府支出通过利率效应或财富效应影响私人消费。然而,自从 Bailey 在 1971 年首次阐述了政府支出与私人消费可能存在一定程度的替代关系的观点之后,人们开始对这一问题重新审视,并引发大量研究。Kormendi(1983)和 Aschauer(1985)采用永久性收入的方法研究发现,美国政府支出与私人消费之间存在着显著的替代关系;Ahmed(1986)对英国的研究表明政府支出在一定程度上挤出了私人消费;此外,Aiyagari 等人(1992)与 Baxter 和 King

(1993)在一个部门的新古典增长模型中也发现了类似的结论。然而实证结果并非完全一致,研究发现,政府支出与私人消费同样可形成互补关系。代表性的学者如 Karras(1994),他通过研究 30 个国家的政府支出与私人消费的关系,发现两者成互补关系,且互补程度随着政府规模的增大而减弱;Evan 和 Karras(1996)对 54 个国家的研究也表明两者成互补关系;采用新古典模型的 Devereux 等人(1996)则认为政府支出将内在的提高生产率,进而提高私人的实际工资与消费。

最近,有关政府消费与私人消费的关系问题的研究有了新的发展,结合消费的跨期替代弹性以及期内替代弹性考察政府支出与居民消费的关系,成为该领域新的研究角度。Amano 和 Wirjanto(1997,1998)首次从理论和实证上阐述,当私人消费的跨期替代弹性大于两者的期内替代弹性,政府与私人消费成互补关系,而当跨期替代弹性小于(或等于)期内替代弹性,两者成替代(或无关)关系。Okubo(2003)在此理论基础上对日本进行研究,估算出 1971—1997 年政府与私人消费的期内替代弹性为 1.39,跨期替代弹性为 1.64—5.29,并由此得出政府与私人消费成互补关系的结论;Nieh 和 Ho(2006)直接以 Amano 和 Wirjanto(1997,1998)的模型为基础,采用面板协整方法对 23 个 OECD 国家的政府消费与居民消费的关系进行比较分析,估算出跨期替代弹性的面板系数为 1.199,而期内替代弹性的面板系数为 0.972,并由此得出在总体上政府与居民消费成互补关系的结论;此外,Esteve 和 Sanchis-Llopis(2006)则在估计跨期替代弹性以及期内替代弹性的基础上,对西班牙 1960—2003 年间政府与居民消费的关系进行检验。

有关财政支出是否挤出居民消费的问题上,我国很多学者已从不同角度对其进行了很好的阐述,如结合实际利率考察财政支出对居民消费产生的影响,结合融资方式考察政府支出对居民消费的影响,结合"拥挤效应"考察政府消费对居民消费的影响,结合支出结构考察财政支出对居民消费的影响,等等。其中代表性的研究如曾令华(2000)、刘溶沧和马拴友(2001)、胡书东(2002)、王志涛和文启湘(2004)及李广众(2005)等。但目前尚无结合消费的跨期替代弹性以及两者的期内替代弹性对财政支出与居民消费的关系问题做进一步的分析。有鉴于此,本书将结合新的的理论模型的发展,研究我国居民消费与政府消费之间的期内替代弹性以及两者各自的跨期替代弹性,并由此检验两者之间的互补(替代或无关)关系。

第二,有关这一领域的模型的设定、考察变量及样本期的选择。在考察政府支出与私人消费关系的研究领域中,关于有效消费 C^* 的设定形式,在现有的文献中主要分为两类:(1)为线性形式的设定,即 $C_t^* = C_t + \theta G_t$,其中 C_t 和 G_t 分别为 t 时期实际的私人消费支出和政府支出,而替代弹性系数 θ 的正(或负)则描绘政府支出与私人消费之间替代(或互补)的关系;(2)为 Cobb-Douglas 的设定形式,即 $C_t^* = C_t^\alpha G_t^{1-\alpha}$。在这两种设定形式中,线性形式的设定在现有文献中得到了更为广泛的应用,其中代表性的研究主要包括 Bailey(1971)、Barro(1981)、Kormendi(1983)、Aschauer(1985)、Seater 和 Mariano(1985)、Graham 和 Himarios(1991)、Graham(1993)、Karras(1994)、Evan 和 Karras

(1996、1998)以及 Ho(2001a),等等。而 Bean(1986)、Campbell 和 Mankiw(1990)以及 Kuehlwein(1998)则采用了 Cobb-Douglas 设定形式。与此同时,Ni(1995)结合不同的设定形式对美国 1947 年第 1 季度—1992 第 4 季度的数据进行分析,研究表明检验结果对于有效消费的设定形式是敏感的:当有效消费采用线性形式时,政府支出与私人消费更倾向于成替代关系;而当有效消费为 Cobb-Douglas 形式时,政府支出与私人消费则为互补关系。此外,为了进一步检验以上两种形式的适用性,Ni(1995)对有效消费采用了更具普遍意义的 CES 形式,即 $C_t^* = [C_t^\eta + \theta G_t^\eta]^{1/\eta}$,当 $\eta = 1$ 时,CES 为线性形式,而当 η 趋近于 0 时,CES 则为 Cobb-Douglas 形式。此后基于 CES 设定形式的经验分析结果显示,η 的估计值与 0 十分接近。这就意味着有效消费采用 Cobb-Douglas 的形式更为恰当(more appropriate)。

这就充分地表明,当我们对某个具体国家的政府支出与私人消费的关系进行分析时,结合有效消费的不同设定形式,对两者关系的稳健性做进一步的检验显得十分必要。

Graham(1993)的研究表明,政府支出与私人消费替代关系的显著性对样本期的选择是敏感的,基于样本期的不同,两者关系的检验结果可能发生显著变化。在 Graham(1993)比较分析中,当样本期为 1948 年第 1 季度—1981 第 4 季度,检验结果显示:政府支出与私人消费呈现显著的替代关系,其中替代弹性系数 θ 估计值为 0.229,且在 1% 的显著水平下高度显著;而对 1953 年第 1 季度—1981 第 4 季度的子样本期进行检验时,替代弹性系数 θ 的计值则下降为 0.006,且不显著(t 值仅为 0.03);

而当样本期拓展为1969年第1季度—1990第4季度时,政府支出与私人消费关系则呈现为显著的互补关系,其中替代弹性系数 θ 的估计值为-1.959,且高度显著(t值为-2.05)。

由此可见,当我们对某个具体国家的政府支出与私人消费的关系进行分析时,结合不同的样本期,对结论的稳健性做进一步的检验显得十分必要,因此,在此后有关政府支出与私人消费关系的研究文献中,代表性如Amano和Wirjanto(1997)、Chiu(2001)以及Ho(2001b)等人,则结合相关统计检验量,如CUSUM统计量、SupF、MeanF及L_c统计量(Hansen,1992),对弹性系数的稳定性做进一步的检验。同样,有鉴于此,本书在协整框架内考察政府与居民消费关系时,将运用递归协整分析方法(Hansen和Johansen,1999),对两者关系的稳定性进行检验。

Graham(1993)研究表明,在考察政府支出与私人消费关系时,忽略可支配收入变量,将对结论产生偏差性的影响。在Graham(1993)的比较分析中,当模型中引入可支配收入变量 ΔY_t 时,变量 ΔY_t 的估计值在0.3—0.5,且均高度显著,而模型的预测能力(基于调整后的可决系数)也由此得到了显著的改善;此外,更重要的是忽略可支配收入变量,将对不同样本期的弹性系数的估计产生程度不一的偏差性影响。其中,当样本期为1948年第1季度—1981第4季度时,可支配收入变量的引入将导致替代弹性系数 θ 由0.183下降至0.152;当样本期为1953年第1季度—1981第4季度时,可支配收入变量的引入将导致替代弹性系数 θ 由0.022上升至0.024;而当样本期为1969年第1季度—1990第4季度时,可支配收入变量的引入更是导致替代

弹性系数 θ 由 -1.245 上升至 -0.620,弹性系数 θ 变化显著。此外,Graham(1993)提出的"忽略可支配收入变量可能对估计结果产生偏差性的影响"这一结论在 Ho(2001a)的研究中再次得到了验证。Ho(2001a)在协整分析框架内对 24 个 OECD 国家的政府支出与私人消费的关系进行研究,通过对模型 $C_t = a_0 + \alpha_1 G_t + v_t$(Ⅰ)与模型 $C_t = a_0 + \alpha_1 G_t + \beta Y_t + v_t$(Ⅱ)的估计结果进行比较分析,研究发现在模型(Ⅰ)中可支配收入变量的系数估计值较大(β 的估计值为 0.77),且高度显著,同时模型(Ⅱ)由于可支配收入变量的引入而使得回归拟和优度等指标得到了显著的改善。

Graham(1993,pp.663,666)则结合财政支出结构进一步指出,研究两者关系时,采用政府总支出作为考察变量是不恰当的,它可能导致结论产生较大的偏差性。这是因为,从理论和经验上分析,政府的国防支出与私人消费决策关系并不十分密切,与其相比,政府非国防支出与私人消费在更大程度上成替代关系,例如政府通过财政支出提供的教育、交通等公共品与私人消费成替代关系。因此,如果我们不对政府支出结构做进一步的区分,在某些样本期内,当国防性支出与私人消费的替代关系进一步弱化时,政府总支出与私人消费的替代关系将变得并不显著,并由此形成了两者关系的不稳定性。以上的分析在 Graham(1993)的经验研究中也得到了验证[①],他在将政府支出进一步分解为国防支出与非国防支出的基础上,分析两者各自与私人

---

① 经验分析结果详见 Graham(1993,p.664)表 3。

消费的关系,研究发现非国防支出与私人消费成替代关系,而国防支出与私人消费并无显著关系。与此同时,Evan 和 Karras (1998,p.204)则进一步指出,当我们把政府总支出作为考察变量而对两者关系进行检验,这就先验的假设了政府支出各组成成分具有相同的替代弹性,这显然与我们的直觉判断相违背(counterintuitively)。此外,Aschauer(1993,p.668)则认为,当我们考察私人消费与政府支出两者关系时,把私人汽油消费与公共高速公路的建设作为两者具体的代理变量加以分析,可得出更为明确清晰的结论。

Graham 和 Himarios(1991)研究表明,在研究政府支出与私人消费的关系问题时,消费变量是否包括耐用商品消费支出对替代弹性的估计结果有着较为显著的影响。此外,Ni(1995)的研究表明,消费变量中耐用商品与非耐用商品的关系设定形式对结论的影响并不大,我们无论采用线性形式设定(即 $c_t = c_t^N + d_t^*$,其中 c_t^N 为非耐用品消费加上服务的支出总和,d_t^* 为耐用品消费支出),还是 Cobb-Douglas 的设定形式(即 $c_t = (c_t^N)^\rho (_t^*)^{1-\rho}$,其中 $\rho \in [0,1]$),对替代弹性的估计结果均无显著影响。

Ni(1995)的研究还表明,在研究政府支出与私人消费的关系问题时,我们必须对利率的选择加以谨慎区分,不同的利率可能导致结论发生迥异变化。在 Ni(1995)的对比分析中,当采用税后的净利率时,替代弹性系数 θ 的估计值为 0.412,而当采用税前利率时,θ 的估计值则显著下降,到 -0.956。

第三,关于两者关系的影响因素研究。在对政府支出与私人消费之间的替代(互补或无关)关系研究的基础上,相关学者试图对决定替代弹性大小的因素进行阐述。其中,代表性的学者如 Karras(1994),他对 30 个国家的跨国比较中发现,"政府与私人消费的互补程度随着政府规模的增大而减弱",即替代弹性与政府规模成正相关关系,这是因为,随着政府规模的增大,政府在公共领域中将提供越来越多诸如公共教育一类的公共品,而此类公共品与私人消费成替代关系。因此,随着政府规模的增大,政府在提高私人消费边际效用的能力将逐渐减弱,由此导致替代弹性系数将逐渐增大(Karras,1994,p.18)。而 Evan 和 Karras(1996,p.261)则在此基础上,结合支出结构对 54 个国家做进一步分析,他们通过对 54 个国家替代弹性与各影响因素的相关关系的研究发现[①],替代弹性与国防支出比重的相关系数为负,且高度显著。究其原因他认为,从理论和经验上分析,教育、医疗等公共物品在很大的程度上与私人消费成替代关系,相比较而言,政府在法制建设、国防建设等领域所提供的公共品,与私人消费成互补或无关关系。因此,随着国防支出比重的增大,替代弹性系数将不断下降。此外他还发现,替代弹性的高低与政府规模的大小并无显著关系。最近,Kwan(2005,pp.10—11)对东亚 9 个国家的研究表明,替代弹性系数与政府支出中的教育比重成正相关,但与政府规模、国防支出比重均不存在显著的相关关系。

Karras(1994)与 Evan 和 Karras(1996)所陈述的命题如果成立,则意味着随着政府支出特别是非国防支出的扩大,政府在

[①] 关于 54 个国家替代弹性与各影响因素相关关系的分析结果,详见 Evan 和 Karras(1996,p.262)表 2。

促进消费、带动内需的作用将逐渐减弱,这同时也意味着政府支出在达到一定最优规模之后,政府在宏观领域"少作为"甚至是"不作为"则显得十分必要。而政府规模的不断扩张已成为一种全球趋势(Mueller,2003),且我国近年来为刺激有效需求而实施的扩张性的财政政策,也使得政府支出在不断增加。因此,对 Karras(1994)与 Evan 和 Karras(1996)的命题进行检验则显得十分必要,它关系到未来财政政策的选择与安排。有鉴于此,本书结合非参数检验等相关性分析方法重点考察了两者关系形成的影响因素,以检验 Karras(1994)与 Evan 和 Karras(1996)的命题是否成立。

第四,有关这一领域的研究方法。在研究政府支出与私人消费关系领域中所采用的计量分析方法上,由于过去的研究文献大多是针对某个具体国家进行的分析,因此,大多数的研究文献采用传统的时间序列回归方法。然而,各国宏观数据时间跨度较小的这一局限,常常成为实际经验分析中的不足。因此,随着面板单位根检验及面板协整检验等方法的发展,在面板协整框架内对政府消费与私人消费的关系进行研究,正成为该领域的研究新动态。传统时间序列单位根检验常常因样本期较短而使其检验功效低下(Pierse 和 Snell,1995),面板单位根检验则充分利用了面板单位的个体信息而有效地克服了样本量较小这一不足,进而提高了检验力度。Shiller 和 Perron(1985)、Perron(1989,1991)与 Pierse 和 Snell(1995)等人的研究也发现,传统时间序列协整检验方法的检验效果同样也受限于样本的时间跨度,而扩大时间跨度又可能遭遇"结构突变"等问题(Pedroni,

2004,p.598),为了有效解决时间序列协整检验的小样本问题,以 Pedroni(1999,2004)研究为代表的异质面板协整检验方法也应运而生。因此,在面板协整框架内对政府消费与私人消费的关系进行检验,有效地克服了以上不足。其中,代表的学者如 Ho(2001a),他首次采用面板协整方法,从总体样本的角度考察了 24 个 OECD 国家的政府消费与私人消费的关系,并得出总体上两者成替代关系的结论;Kwan(2005)则同样在面板协整框架内,分别从总体样本和单位样本两个角度对亚洲 9 个国家的政府与私人消费的关系进行分析,得出总体上两者成替代关系的结论;最近,Nieh 和 Ho(2006)在对 23 个 OECD 国家的政府消费与私人消费关系的面板协整分析中发现,政府消费与私人消费在总体上成互补关系。

2.7 国内研究现状的综述

2.7.1 有关政策工具对私人投资的挤出效应研究

有关政策工具是否对私人投资产生挤出(或挤入)效应,国内学者已从不同的角度进行了较好的阐述,其中,主要包括以下几个方面:

(1)考察国债发行对私人投资是否产生挤出(或挤入)效应。关于不同年份的国债发行,是否减少公众投资的可用资金,是否引起政府与公众在借贷资金需求上的竞争,学者之间有着不同的看法。以樊纲(1999)为代表的学者认为,向商业银行和公众发行国债,基础货币没有增加,而在国债利率高于储蓄利率的情况下,公众会倾向于购买国债,而银行也会多存国债少放贷款,因此,1998年的国债发行产生了一定的挤出效应。袁东和王晓锐(2000)的研究则表明我国80年代的国债发行,在短缺型经济条件下产生了挤出效应。此外,他也进一步指出,国债发行主要通过两种渠道产生"挤出效应":一是通过挤出中央政府、地方政府以及国有企事业单位的预算外资金,挤走了非中央预算投资;二是挤走了银行等国有金融机构对个人储蓄安排的投资,从而挤出了一部分的银行信贷投放与居民个人消费。同时他也指出,这里不存在由利率机制引发的挤出效应(袁东和王晓锐,2000,p.8)。曾令华(2000)则认为,在经济有效需求不足、社会存在着大量闲置资金的情况下,"政府不借只会导致资金供给更加大量的过剩",1998年发行的国债并不引起资金需求的竞争。张海星(2001)通过实证分析1986—1999年间国债发行额与固定资产投资额的相关关系,发现国债发行并无挤出私人投资,对此他指出,由于私人投资对利率缺乏弹性,且我国利率为官方利率,因此国债发行并无挤出私人投资;与此同时,由于我国商业银行资金供应充足,因此,发行国债并不会造成民间投资资金供应减少,而且,由于国债融资所得资金大部分应用于支柱产业和基础设施建设,因此,国债发行不仅不会产生挤出效应,反而有着拉动效应。高铁梅等(2002)则认为,1998—2001年由于有效需求不足,并辅以增发货币,因此,扩大国债发行规模没有使挤出效应增加。此外,在跨国研究方面,代表性的研究如尹恒和叶海云(2005),他们对 208 个国家 1970—2002 年间政府债务－GDP 比率与私人投资－GDP 比率的关系进行研究,发现政府债务－GDP 比率较高的国家,私人投资率较低,并由此得出政府债务对私人投资率存在明显的挤出效应的结论,同时,他也指出现实中的各种摩擦导致李嘉图等价命题并不成立。

(2)考察财政政策对私人投资是否产生挤出(或挤入)效应。其中,代表性的研究包括:曾令华(2000)从实际利率及借贷资金需求等角度分析财政政策是否挤出私人投资,研究表明,财政支出并非"近年来"(1996—1999)我国实际利率上升的潜在因素,而应归因于"价格水平下跌"以及"商业银行名义利率下调幅度不够",同时他也进一步指出,"是利率政策限制了财政扩张发挥充分的乘数效应,而不是财政扩张自身产生了'挤出效应'";刘溶沧和马拴友(2001)实证分析了赤字、国债与利率、私人投资和经济增长的关系,研究发现我国财政赤字和国债发行均没有产生"挤出效应",此外,财政赤字并无导致利率的上升,而财政投资也并无挤出私人投资;高铁梅等(2002)运用状态空间方法估算出包含挤出效应的财政政策乘数,认为我国 20 世纪 90 年代以来的政府支出具有一定的挤出效应,挤出部分占收入应增加部分的 3.1%—17.6%,其中 1994 年的挤出效应较高,1997 年以来挤出效应则稳定维持在 10%左右;董秀良等(2006)运用 VAR 模型,利用季度数据,分析了我国财政支出对私人投资的长短期效应,发现短期内财政支出对私人投资具有一定的挤出效应,而长期则表现为挤入效应;马拴友(2003)实证研究表明,电力、交通等基础设施和产业的发展挤入了私人投资;而庄子银和邹薇(2003)的研究则发现,政府的公共支出与私人投资具有较强的互补效应。此外,代表性的研究还包括戴国晨(2003)、董秀良和郝淑媛(2005)等。从目前国内现有的研究成果看,大多数文献主要关注的是财政支出的总量影响,很少结合不同的支出类别及不同类别的融资方式进行研究。

2.7.2 有关政策工具对私人消费的挤出效应研究

在考察我国政策工具对私人消费是否产生挤出效应的研究领域中,分析财政支出是否挤出私人消费是其中的重要的研究内容之一。对此,我国很多学者已展开了深入的研究,并从以下不同的角度进行了很好的阐述:

(1)结合实际利率考察财政支出对居民消费的影响。其中代表性的研究如曾令华(2000),他的研究表明,近年来(1996—1998),我国实际利率的上升可归因于"价格水平下降"以及"名义利率下调幅度不够",而政府支出的扩张并非实际利率上升的潜在因素,扩张性的政府支出并无挤出私人消费(曾令华,2000,p.68)。

(2)结合"拥挤效应"[①]考察政府消费对居民消费的影响。其中代表性的研究如王志涛和文启湘(2004),他们的研究表

[①] "拥挤效应"是公共物品供给不足的具体表现,即当人口增加时,如果原有的公共物品的数量不变,人均占用的公共物品的数量就会下降,这是城市化、人口密集及人口结构变化的必然结果(王志涛、文启湘,2004)。

明,由于我国现阶段公共物品的供给相对不足,且私人消费必须辅以相配套的公共物品和公共服务。因此,政府消费与私人消费成互补关系,特别是在目前内需不足的情形下,我国的政府消费不仅不会挤出私人消费,反而能够有效地刺激居民消费需求的增加。①

(3)结合支出结构考察财政支出对居民消费的影响。其中代表性的研究如胡书东(2002),他的研究表明,国家财政中的经济建设支出,由于增加和改善了与居民消费呈现互补关系的公共品供给,降低了居民消费的外在成本,从而刺激了居民消费;国防支出和行政管理费则与居民消费并无存在显著的正相关关系;从总体上看,政府消费与居民消费成互补关系,政府支出的增加挤入了民间消费。王宏利(2006)结合长短期动态分析,考察了各政府支出成分对私人消费的影响。研究表明,从长期的角度分析,政府消费支出对私人消费产生了部分的挤出效应,而政府的投资支出对私人消费产生挤入效应,且"政府消费挤出的边际力度大于政府投资挤入的边际力度",因此,政府总支出在长期挤出了私人消费;在长期,社会文教支出和行政管理支出对居民消费产生了挤入的"乘数效应",而经济建设支出则产生了部分的挤出效应,而从短期的角度分析,由于短期内政府投资支出对居民消费的挤入效应大于政府消费所产生的挤出效应,因此,政府总支出在短期挤入了私人消费;与此同时,在短期,经济建设支出产生了挤出效应,而社会文教支出、行政管理支出则产生了挤入效应。基于以上的经验分析,王宏利(2006)

---

① 具体的相关阐述,详见王志涛和文启湘(2004),第7页。

进一步指出,在合理控制行政管理支出的同时,应增加社会文教等支出,以提高消费倾向。

(4)结合融资方式考察政府支出对居民消费的影响。其中代表性的研究如李广众(2005),他结合国债融资考察政府支出对居民消费的影响,实证研究表明,无论是改革前还是改革后,政府支出与居民消费之间均存在着一定的互补性。因此,政府支出挤入了居民消费,且从长期来看,李嘉图等价命题在中国近似成立。此外,郭庆旺等(2003)则在协整分析框架内,对1978—2001年李嘉图等价命题在我国的适应性进行检验,并考察政府支出与私人消费的关系,研究表明以债务融资的财政支出带动了民间消费的增加。与此同时,李嘉图等价定理在我国并不成立,究其原因,作者认为与以下几个因素相关:1."人们没有意识到公债发行与未来纳税义务之间的联系";2."我国资本市场不完全";3."居民的储蓄率一直很高";4."税收制度是以间接税为主的复合制度"。

(5)结合其他的研究角度进行分析。李永友和丛树海(2006)通过构建微观最优消费决策加总社会消费函数对改革开放后中国居民消费行为进行经验分析,研究表明我国实施的财政政策不仅没对私人消费产生挤出效应,反而产生了挤入效应,同时他在研究中进一步指出,财政政策的有效性并非来自"居民有限期界的消费决策,而是来自较高的流动性约束消费者的比例",而流动性约束的存在导致李嘉图等价命题在我国无法成立。谢建国和陈漓高(2002)则从长短期的角度对政府支出与居民消费的关系进行分析,研究发现在短期,政府支出挤入了居民消费,而由于"政府支出增加导致了居民对未来支出增加预期,使居民预防性储蓄增加",因此,在长期均衡时政府支出完全挤出了居民消费。

第3章 我国财政支出是否挤出居民消费——基于政府与居民消费的期内替代与跨期替代

3.1 引言

消费的跨期替代弹性是刻画消费者消费行为的一个重要参数,它描述了消费者在现期和未来消费之间的选择,反映了消费者的消费和储蓄决策:当跨期替代弹性较大时,受跨时激励效应的影响,消费者选择了较少的当期消费,并为未来消费进行更多的储蓄,更多的储蓄同时也意味着有着更多的资本存量可用于投资和发展经济;而当跨期替代弹性较小时,则反映了消费者选择了较多的当期消费及较少的储蓄。由此可见,消费的跨期替代弹性也是现代经济增长理论研究的一个重要参数。对此,发展经济学家罗斯托(2001)指出,起飞阶段的经济体离不开高储蓄的长期支持,而凯恩斯(Keynes,1923)则认为"长期中我们已经死了",并指出在总需求不足的情况下,消费增长的必要性。因此,无论是投资过热还是内需不足,跨期替代弹性都是一个与之密切相关的重要指标。

对于消费的主体而言,除了个人或厂商之外,另一个十分重要而却又常常被人们所忽略的消费主体是政府。这是因为政府消费与个人消费具有同样的质规定性,即政府消费支出是作为一个普通的消费主体为满足政府的活动需要进行的支出,因此,由政府消费支出所产生的对于经济增长的作用,应当与个人主体支出的作用没有本质上的差别(陈彩虹,1999);其次,政府消费与居民消费一起构成了我国总消费,从而成为我国支出法国内生产总值的重要组成部分;到了2003年,我国总消费已占了支出法国内生产总值的56%[①],而其中政府消费就占了总消费的22%。因此,在研究总需求等问题时,忽视政府消费而只关注个人消费是不恰当的。

而当政府消费成为总需求的一个重要组成部分的同时,政府通过消费支出为社会成员提供的公共物品具有强烈的外部效应,即政府消费影响着居民消费。因此,当我们同时研究政府消费与个人消费时,一个十分重要的问题便是两者之间的关系问题,它也是宏观经济研究的核心问题之一。当政府消费与个人消费成互补关系时,则意味着政府消费的增加促进了个人消费,而当两者成替代关系时,则意味着政府消费的增加在一定程度上减少了个人消费,从而降低了财政支出的乘数效应。有关政府与居民消费关系的研究由来已久,自从Bailey(1971)首次阐述了政府支出与私人消费可能存在一定程度的替代关系的观点之后,人们开始对这一问题重新审视,并引发大量研究。Kor-

---

① 根据《中国统计年鉴(2004)》的数据计算所得。

mendi(1983)和 Aschauer(1985)采用永久性收入的方法研究发现,美国政府支出与私人消费之间存在着显著的替代关系;Ahmed(1986)在跨期替代的模型中发现英国政府支出在一定程度上挤出了私人消费;此外,Aiyagari 等人(1992)与 Baxter 和 King(1993)在一个部门的新古典增长模型中也发现了类似的结论。然而,实证结果并非完全一致,研究发现,政府支出与私人消费同样可形成互补关系。代表性的学者如 Karras(1994),他通过研究 30 个国家的政府支出与私人消费的关系,发现两者成互补关系,且互补程度随着政府规模的增大而减弱;采用新古典模型的 Devereux 等人(1996)则认为政府支出将内在地提高生产率,进而提高私人的实际工资与消费。

最近,有关政府与居民消费的关系问题的研究有了新的发展,Amano 和 Wirjanto(1997,1998)首次从理论和实证上阐述,当居民消费的跨期替代弹性大于两者的期内替代弹性,政府与居民消费成互补关系,而当跨期替代弹性小于(或等于)期内替代弹性,两者成替代(或无关)关系。Okubo(2003)在此理论基础上对日本进行研究,估算出 1971—1997 年间政府与居民消费的期内替代弹性为 1.39,跨期替代弹性为 1.64—5.29,并由此得出政府与居民消费成互补关系的结论;而 Nieh 和 Ho(2006)则以 Amano 和 Wirjanto(1997)的模型为基础,估算出 23 个 OECD 国家消费的跨期替代弹性以及两者的期内替代弹性,并由此得出在总体上政府与居民消费成互补关系的结论;此外,Esteve 和 Sanchis-Llopis(2006)则在估计跨期替代弹性以及期内替代弹性的基础上,对西班牙 1960—2003 年政府与居民消费的关系进行检验。

在以往对中国消费问题的研究上,有关跨期替代弹性的研究并不是很多,大部分是关于居民这类消费主体的研究。顾六宝和肖红叶(2004)是其中代表性的研究,他们采用了两种方法估算了中国消费的跨期替代弹性,但文章里"中国消费"的主体仅包括居民,并无考虑政府消费;而在有关政府和居民消费的关系问题上,我国很多学者已从不同角度进行了很好的阐述,如结合实际利率考察政府消费对居民消费产生的影响,结合融资方式考察政府支出对居民消费的影响,结合"拥挤效应"考察政府消费对居民消费的影响,等等,其中代表性的研究如曾令华(2000)、刘溶沧和马拴友(2001)、胡书东(2002)、王志涛和文启湘(2004)及李广众(2005)等。但目前尚无结合消费的跨期替代弹性以及两者的期内替代弹性对政府与居民消费的关系问题做进一步的分析。因此,本章尝试着在现有研究的基础上做一个有益的补充,不仅研究个人消费,也研究政府消费,不仅研究各自的跨期替代,也研究两者之间的期内替代,并由此检验两者之间的关系。

本章以 Amano 和 Wirjanto(1997,1998)的永久性收入模型为基础,研究我国居民消费与政府消费之间的期内替代弹性以及两者各自的跨期替代弹性,并由此检验两者之间互补(替代或无关)的关系。样本期选择为 1960—2003 年,涵盖了改革前和改革后两个时期,以描绘转轨时期我国消费行为的结构性转变。

3.2 理论模型

本章的理论框架是以 Amano 和 Wirjanto(1997,1998)永久性收入模型为基础。

设代表性个人的目标函数是以一生的预算约束为条件,最大化一生效用的预期值,并设代表性个人的效用函数为:

$$E_0\left[\sum_{t=0}^{\infty}\beta^t U(C_t,G_t)\right] \quad (3-1)$$

其中 E_t 为基于 t 时期信息的期望算子,β 为折现因子,C_t 和 G_t 分别为 t 时期实际的私人消费和公共消费。

可加对数(addilog)效用函数为:

$$V(C_t,G_t) = \left(\frac{C_t^{1-\alpha}}{1-\alpha}\right)\Lambda_{C_t} + K\left(\frac{G_t^{1-\nu}}{1-\nu}\right)\Lambda_{G_t} \quad (3-2)$$

其中 α 和 ν 分别为曲率参数,且 $\alpha,\nu \geq 0$,当 $\alpha=\nu=1$ 时,$C_t^{1-\alpha}/(1-\alpha)=\ln C_t$ 及 $G_t^{1-\nu}/(1-\nu)=\ln G_t$;$K$ 为比重系数;Λ_{C_t} 和 Λ_{G_t} 分别表示私人和公共消费偏好的随机波动,并假设 $\{\Lambda_{C_t}\}_{t=-\infty}^{\infty}$ 和 $\{\Lambda_{G_t}\}_{t=-\infty}^{\infty}$ 是稳定序列(I(0)过程)。在模型中考虑偏好的随机波动,本章能有效避免 Garber 和 King(1983)提出的"随机偏好波动的存在常常导致结果失准"的问题。

设期内(intratemporal)效用函数为:

$$U(C_t,G_t) = f_t[V(C_t,G_t)], f_t' > 0 \quad (3-3)$$

其中 f_t 为任意单调转换函数,在这类效用函数中,$1/\alpha$ 和 $1/\nu$ 分别表示私人和公共消费的跨期(intertemporal)替代弹性。

期内预算约束为:

$$P_C(t)C_t + P_G(t)G_t = M(t) \qquad (3-4)$$

其中 $P_C(t)$ 和 $P_G(t)$ 分别表示 t 时期私人和政府消费的价格, $M(t)$ 为 t 时期总支出。令 $P_t = P_{G,t}/P_{C,t}$,Amano 和 Wirjanto(1997,1998)的研究表明,以上最大化问题的期内(或静态)一阶条件为:

$$P_t = \frac{U_G}{U_C} \qquad (3-5)$$

欧拉方程组为:

$$E_t\left[\beta(1+r_t)\frac{U_{C,t+1}}{U_{C,t}}-1\right]=0$$
$$E_t\left[\beta(1+r_t)\frac{P_t}{P_{t+1}}\frac{U_{G,t+1}}{U_{G,t}}-1\right]=0 \qquad (3-6)$$

由式(3-5)可知,公共消费与私人消费的相对价格等于购买这两种商品的边际替代率,其中 r_t 为 t 到 $t+1$ 时期个人所持资产的实际回报率。

结合式(3-2),方程(3-5)和(3-6)可重新表述为:

$$G_t K^{-1/\nu} P_t^{1/\nu} C_t^{-\alpha/\nu} = \left(\frac{\Lambda_{G_t}}{\Lambda_{C_t}}\right)^{1/\nu} \qquad (3-7)$$

$$E_t\left[\beta(1+r_t)\left(\frac{C_{t+1}}{C_t}\right)^{-\alpha}\left(\frac{\Lambda_{C_{t+1}}}{\Lambda_{C_t}}\right)-1\right]=0$$

$$E_t\left[\beta(1+r_t)\left(\frac{P_t}{P_{t+1}}\right)\left(\frac{G_{t+1}}{G_t}\right)^{-\nu}\left(\frac{\Lambda_{G_{t+1}}}{\Lambda_{G_t}}\right)-1\right]=0 \quad (3-8)$$

对式(3-7)做进一步的分析,两边同时取对数并整理可得:

$$\ln C_t + \left(\frac{1}{\alpha}\right)\ln K - \left(\frac{1}{\alpha}\right)\ln P_t - \left(\frac{\nu}{\alpha}\right)\ln G_t = -\left(\frac{1}{\alpha}\right)(\ln \Lambda_{G_t} - \ln \Lambda_{C_t}) \quad (3-9)$$

在偏好波动是稳定过程的假设下,可得:

$$\left\{\ln C_t - \mu - \left(\frac{1}{\alpha}\right)\ln P_t - \left(\frac{\nu}{\alpha}\right)\ln G_t\right\} \sim I(0) \quad (3-10)$$

其中 $\mu = -(1/\alpha)\ln K$。由式(3-10)可知,当 $\{\ln C_t\}_{t=-\infty}^{\infty}$、$\{\ln P_t\}_{t=-\infty}^{\infty}$ 和 $\{\ln G_t\}_{t=-\infty}^{\infty}$ 是一阶差分平稳序列(I(1)过程)时,则变量之间存在着一个协整关系,协整系数为 $(1, -1/\alpha, -\nu/\alpha)$,其中系数 ν/α 表示私人消费与公共消费之间的期内替代弹性。协整方程可重新表述为:

$$\ln C_t = \mu + \left(\frac{1}{\alpha}\right)\ln P_t + \left(\frac{\nu}{\alpha}\right)\ln G_t + \varepsilon_t \quad (3-11)$$

根据 Amano 和 Wirjanto(1997,1998)的理论分析可知,当私人消费的跨期替代弹性 $1/\alpha$ 大于两者的期内替代弹性 ν/α 时,政府与私人消费成 Edgeworth-Pareto 互补,而当跨期替代弹性 $1/\alpha$ 小于(或等于)期内替代弹性 ν/α 时,两者成 Edgeworth-Pareto 替代(或无关)关系。[①]

[①] Amano 和 Wirjanto 这一理论分析的应用详见 Nieh 和 Ho(2006)。

通过以上对 Amano 和 Wirjanto(1997,1998)模型的简要阐述,我们可知结合该模型对中国的实际展开研究分析是有益和有效的。本章的实证分析由两部分组成:首先采用协整方法估计方程(3-11),得出私人消费与公共消费之间的期内替代弹性,然后采用 GMM 方法估计欧拉方程组(3-8),从而得出各自的跨期替代弹性,并由此检验两者之间的互补(替代或无关)关系。

3.3 协整系数的有效估计方法——完全修正 OLS、动态 OLS

除了采用 Johansen(1988,1991)的向量误差修正模型(VECM)估计协整系数之外,本章还采用了 Phillips 和 Hansen(1990)的完全修正 OLS(FMOLS)以及 Stock 和 Watson(1993)的动态 OLS(DOLS)方法进行比较分析,以保证结论的稳健性。

研究表明,FMOLS 和 DOLS 在大样本的情况下等价于完全信息的极大似然估计,即 Johansen 协整估计。其中 FMOLS 通过校正因子,校正由于系统扰动相关性而产生的估计偏差,其估计过程简要说明如下[①]:

令

$$y_t = \alpha + \beta' x_t + \eta_t = \tilde{\beta}' \tilde{x}_t + \eta_t \\ x_t = \mu + x_{t-1} + \xi_t \qquad (3-12)$$

---

① 具体过程及相关细节详见 Phillips 和 Hansen(1990)。

其中 α 为截距向量，$\beta=(\beta_1,\cdots,\beta_k)'$ 为系数矩阵，$\tilde{\beta}=(\alpha,\beta')'$ 为 $(k+1)\times1$ 的列向量，$x_t=(x_{1t},\cdots,x_{kt})'$，$\tilde{x}_t=(1,x_t')'$ 为 $(k+1)\times1$ 的列向量，扰动 η_t 和 ξ_t 均为 I(0) 且自相关和互相相关的正态变量。

定义 $u_t=(\eta_t,\xi_t')'$ 为 $(k+1)\times1$ 的列向量，并定义 u_t 的长期方差和自协方差分别为 Ω 和 Λ。

采用核权函数估计，可得 Ω 和 Λ 的一致估计，进而得到长期方差和自协方差的校正因子 $\Omega_{\eta\cdot\xi}$ 和 $\Lambda_{\eta\xi}^+$ 的一致估计。

校正偏差后的因变量为：

$$y_t^+ = y_t - \hat{\Omega}_{\xi\eta}\hat{\Omega}_{\xi\xi}^{-1}(\Delta x_t - \Delta\bar{x}) \qquad (3-13)$$

其中，$\Delta\bar{x}$ 为 Δx_t 的均值。

则 $\tilde{\beta}$ 的 FMOLS 估计为：

$$\tilde{\beta}_F = \left[\sum_{t=1}^T y_t^+ \tilde{x}_t - \begin{bmatrix}0\\ \Lambda_{\eta\xi}^+\end{bmatrix}\right]'(\sum_{t=1}^T \tilde{x}_t\tilde{x}_t')^{-1} \qquad (3-14)$$

DOLS 方法简要说明如下：

$$y_t = \alpha + \beta'x_t + \sum_{j=-q}^{q} c_j'\Delta x_{t+j} + v_t \qquad (3-15)$$

其中，Δx_t 为 x_t 的一阶差分，q 为领先、滞后阶数，$c_j(j=0,1,2,\cdots,q,-1,-2,\cdots,-q)$ 是协整误差投影对现期、领先及滞后 Δx_t 的最小二乘的投影系数，v_t 为投影残差，矩阵系数 β' 为普通最小二乘估计系数，其他变量均与上述 FMOLS 定义一样。Stock 和 Watson(1993)的研究表明，当存在扰动项自相关以及扰动项和解释变量相关时，DOLS 对长期协整系数的估计仍是超一致的:长期系数通过加权系数调整后的 t 统计量和 Wald 统计量同样具有传统的近似分布(标准的正态分布和卡方分布),其中 t 统计量和 Wald 统计量加权调整系数分别为 $(s/\hat{\lambda}_v)$ 及 $(s/\hat{\lambda}_v)^2$①。

3.4 协整关系的稳定性检验——递归的协整分析

Graham(1993)的研究表明,永久收入模型的假定及政府与居民消费替代关系的显著性对样本期的选择是敏感的,因此,本章在系数估计的同时,对政府与居民消费协整关系的稳定性进行检验。为了检验其稳定性,本章采用"递归的协整分析"(Hansen 和 Johansen,1999)来分别检验协整阶数和协整系数的稳定性。下面对稳定性检验方法进行简要说明②:

令误差修正模型(ECM)表达如下:

$$\Delta X_t = \Pi X_{t-1} + \sum_{i=1}^{k} \Gamma_i \Delta X_{t-1} + \mu + e_t \quad t = 1, \cdots, T \quad (3-16)$$

其中,X_t 是 $(n \times 1)$ 向量单位根过程,Δ 表示一阶差分,μ 是截距向量矩阵,$\Gamma_i(i=1,2,\cdots,k)$ 为 $(n \times n)$ 系数矩阵,参数矩阵 Π 包含 n 个变量长期关系的信息,当变量之间不存在协整关系时,ΠX_{t-1} 将不存在。

---

① 其中 s 是式(3-15)的 OLS 估计的回归标准差,$\hat{\lambda}_v$ 则通过以下过程构造:令 $\hat{v}_t$ 是式(3-15)的 OLS 估计的残差,$\hat{v}_t$ 的 $AR(p)$ 过程是 $\hat{v}_t = \phi_1 \hat{v}_{t-1} + \phi_2 \hat{v}_{t-2} + \cdots + \phi_p \hat{v}_{t-p} + e_t \quad (t=p+1,\cdots,T)$,令 $\hat{\sigma}^2 = \frac{1}{T-P} \sum_{t=p+1}^{T} \hat{e}_t^2$,则得 $\hat{\lambda}_v^2 = \frac{\hat{\sigma}^2}{(1-\hat{\phi}_1-\cdots-\hat{\phi}_p)^2}$。

② 具体推导过程及相关细节详见 Hansen 和 Johansen(1999)。

变量之间协整关系的个数(r)通过迹检验(Johansen,1991)来决定:

$$H(r): \Pi = \alpha\beta' \qquad (3-17)$$

其中 α 为调整系数矩阵,β 为协整系数矩阵。Hansen 和 Johansen(1999)在以上迹检验的基础上,通过构造"Z-表达式"及"R-表达式"进行递归分析,以检验样本期内每个时点协整关系的稳定性。其中,"Z-表达式"是把 ECM 表达式中所有系数重新进行递归分析,"R-表达式"则把短期系数 Γ_i 固定为整个样本的估计值,而只把长期系数重新进行递归估计。同时,Hansen 和 Johansen 也指出,在稳定性检验中,"R-表达式"更适合作为分析工具。下面把"R-表达式"的简要说明如下:

令 $Z_{0t} = \Delta X_t$,$Z_{1t} = X_{t-1}$,$Z_{2t} = (\Delta X'_{t-1}, \cdots, \Delta X'_{t-k})$,ECM 表达式(3-16)可重新表述为:

$$Z_{0t} = \alpha\beta' Z_{1t} + \Gamma Z_{2t} + \varepsilon_t \quad t=1,\cdots,T \qquad (3-18)$$

Z_{0t}、Z_{1t} 分别过滤掉 Z_{2t},即

$$R_{0t}^{(T)} = Z_{0t} - M_{02}^{(T)} \left[M_{22}^{(T)} \right]^{-1} Z_{2t} \qquad (3-19)$$

$$R_{1t}^{(T)} = Z_{1t} - M_{12}^{(T)} \left[M_{22}^{(T)} \right]^{-1} Z_{2t} \qquad (3-20)$$

其中 $M_{ij}^t = \sum_{s=1}^{t} Z_{ij} Z'_{jt} \quad i,j=0,1,2$

这样,式(3-16)可进一步表述为:

$$R_{0t}^{(T)} = \alpha\beta' R_{1t}^{(T)} + R_{\varepsilon t}^{(T)} \quad t=1,\cdots,T \qquad (3-21)$$

其中上标 T 表示短期动态估计是以整个样本为基期。

式(3-21)称为"R-表达式"。通过以上分析可知,在某一

时点变量之间稳定关系的变化是由于长期关系的变化,而并非短期的动态波动造成的。在此基础上,通过构造以下的迹统计量,来检验协整阶数的稳定性:

$$-2\ln Q(H_1(r)|H_1(r+1)) = -T\sum_{i=r+1}^{p}\ln(1-\hat{\lambda}_i) \qquad (3-22)$$

另外,Hansen 和 Johansen(1999)通过构造以下统计量来检验协整系数的稳定性:

$$-2\ln Q(H_{\beta_\tau}|(\hat{\beta}(\tau))) = \tau\sum_{i=r}^{r}\ln(\ln(1-\hat{\rho}_i(\tau))-\ln(1-\hat{\lambda}_i(\tau))) \quad \tau = T_0,\cdots,T$$

$$(3-23)$$

3.5 欧拉方程组的估计方法——GMM

GMM 估计中的权重矩阵为异方差和自相关一致协方差矩阵:

$$\hat{\Omega}_{HAC} = \hat{\Gamma}(0) + \left(\sum_{j=1}^{T-1}k(j,q)(\hat{\Gamma}(j)+\hat{\Gamma}'(j))\right) \qquad (3-24)$$

其中

$$\hat{\Gamma}(0) = \frac{1}{T-k}\left(\sum_{t=j+1}^{T}Z_t'u_tu_t'Z_t\right) \qquad (3-25)$$

$$\hat{\Gamma}(j) = \frac{1}{T-k}\left(\sum_{t=j+1}^{T}Z_{t-j}'u_tu_{t-j}'Z_t\right) \qquad (3-26)$$

其中,u_t 是残差向量,Z_t 是满足 p 个矩条件的 $k\times p$ 矩阵。

计算加权矩阵时自协方差的权重由以下的 Kernel 函数决

定：

$$\kappa(j/q) = \frac{25}{12(\pi x)^2} \left(\frac{\sin(6\pi x/5)}{6\pi x/5} - \cos(6\pi x/5) \right) \tag{3-27}$$

3.6 数据说明

本章研究样本选择的时间跨度为 1960—2003 年,涵盖了改革前和改革后两个时期。考虑到制度变迁因素的影响,将样本分为 1960—1977 年以及 1978—2003 年两个时期展开分析。

本章所采用的数据中,名义(实际)政府消费支出、名义(实际)居民消费支出以及总人口均来自《世界发展指标》(世界银行,2005),各变量均为年度变量,其中,各人均实际变量为各实际总变量除以总人口获得;通过将政府的名义消费除以按不变价格(1990 年价格)计算的政府消费,构造隐含的价格指数 $P_{G,t}$,采取同样的方法构造隐含的私人消费价格指数 $P_{C,t}$,用两者的比率 $P_{G,t}/P_{C,t}$ 构造相对价格指数 P_t;r_t 在模型中衡量的是个人所持资产的实际回报率,由于我国缺乏非正规金融市场利率的记录,以及储蓄存款在样本期内的大部分年份里是居民唯一可以选择的非现金金融资产形式。因此,借鉴万广华等(2001)对此问题的处理办法,本章采用官方一年期储蓄存款利率来表示名义利率,名义利率减去以商品零售价格指数计算的通货膨胀率得实际利率。需要说明的是本章所使用的利率是以实际执行的时间为权数加权平均后的值。利率和通货膨胀率均由各年度《中国统计年鉴》的数据计算所得。

3.7 改革前后消费的期内替代关系分析

本章以 ADF 和 PP 两种方法对各变量进行单位根检验(见表 3-1),结果表明各变量均为非平稳的 I(1)过程。

表 3-1 单位根检验

变量	ADF 检验	5%显著水平临界值	PP 检验	5%显著水平临界值
$\ln C$	-0.96 (-0.20)	-2.99 (-3.05)	-0.91 (-0.34)	-2.99 (-3.05)
$\Delta\ln C$	-3.53** (-4.74***)	-2.99 (-3.12)	-3.35** (-5.38***)	-2.99 (-3.07)
$\ln G_t$	-1.72 (-0.51)	-3.01 (-3.05)	-1.10 (-0.68)	-2.99 (-3.05)
$\Delta\ln G_t$	-3.16** (-4.82***)	-3.02 (-3.12)	-5.06*** (-7.25***)	-2.99 (-3.07)
$\ln P_t$	-2.40 (-1.72)	-2.99 (-3.05)	-2.46 (-1.72)	-2.99 (-3.05)
$\Delta\ln P_t$	-5.09*** (-5.18***)	-2.99 (-3.07)	-5.09*** (-5.41***)	-2.99 (-3.07)

注:1.括号内外分别表示对 1960—1977 年和 1978—2003 年进行单位根检验。
2.变量前加"Δ"表示对变量做一阶差分。
3.检验形式为带常数项形式。
4.ADF 检验中的最优滞后阶数根据 SIC 信息准则选择;PP 检验中带宽的选择则采用 Newey-West(1994)选择方法。
5.***、** 及 * 分别表示在 1%、5% 及 10%显著性水平上拒绝有单位根的原假设。

在分样本单位根检验的基础上,本章进行分样本协整检验,检验结果列于表3-2。

表3-2 Johansen 协整检验

零假设:协整向量的数目	特征值	迹统计量	临界值	
			5%显著水平	1%显著水平
0	0.91 (0.82)	75.03*** (44.13***)	35.19 (35.19)	41.20 (41.20)
至多1个	0.35 (0.52)	15.36 (15.24)	20.26 (20.26)	25.08 (25.08)
至多2个	0.17 (0.15)	4.69 (2.79)	9.16 (9.16)	12.76 (12.76)

注:1.括号内外分别表示对1960—1977年和1978—2003年进行协整检验。
　2.VAR的最优滞后阶数基于SC信息准则选定;***表示在1%显著性水平拒绝零假设。

协整检验表明,1960—1977年和1978—2003年这两个样本时期内,变量之间均存在着一个长期的协整关系,由第二部分的模型分析可知,变量之间存在着以$(1,-1/\alpha,-v/\alpha)$为协整系数的协整关系,如果系数估计显著,且符号与理论预期相吻合,则表明本章的分析框架是有效的。因此,在分样本协整检验基础上,本章接着进行系数估计,同时为了保证结论的稳健性,本章分别采用 VECM(Johansen)、FMOLS(Phillips 和 Hansen)及 DOLS(Stock 和 Watson)三种不同的方法,分样本对长期关系系数进行估计,估计结果列于表3-3。估计结果的符号与理论预期完全一致,且这三种方法对期内替代弹性($\ln G_t$系数)的估计也十分接近,这表明本章的理论分析框架是有效的,估计结果也是稳健的。

表 3-3　协整系数的估计

	1960—1977			1978—2003		
	VECM	FMOLS	DOLS	VECM	FMOLS	DOLS
常数项	3.044***	3.153***	3.00***	2.067***	1.761***	1.757***
	(0.109)	(0.237)	(0.171)	(0.345)	(0.187)	(0.187)
$\ln P_t$	0.830***	0.325	0.536***	0.733*	0.134	0.244
	(0.144)	(0.362)	(0.196)	(0.406)	(0.240)	(0.237)
$\ln G_t$	0.757***	0.679***	0.741***	0.924***	0.926***	0.931***
	(0.036)	(0.086)	(0.051)	(0.061)	(0.033)	(0.032)

注：1.括号里的值为标准差，其中 DOLS 估计方法中括号里的值为加权调整后的标准差。
　　2.DOLS 方法估计中领先、滞后阶数均为 1。
　　3.***、**及*分别表示通过 1%、5%及 10%的显著性水平检验。

表 3-3 的实证结果表明，改革前居民与政府消费的期内替代弹性为 0.68—0.76，改革开放后，替代弹性则上升为 0.92—0.93。这不仅说明我国政府消费与居民消费之间存在着一定程度上的期内替代关系，而且意味着这种替代关系在改革后进一步增强。

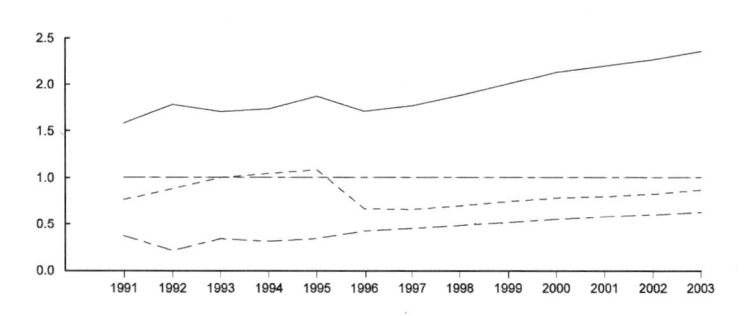

图 3-1　迹检验（1978—2003）

注：1.图 3-1 是以 1978—1990 年为基期递归计算出的 1991—2003 年的迹检验统计值。
　　2.1 是 10%显著性水平的临界值，大于 1 的迹统计检验值则表明在该时点拒绝原假设。

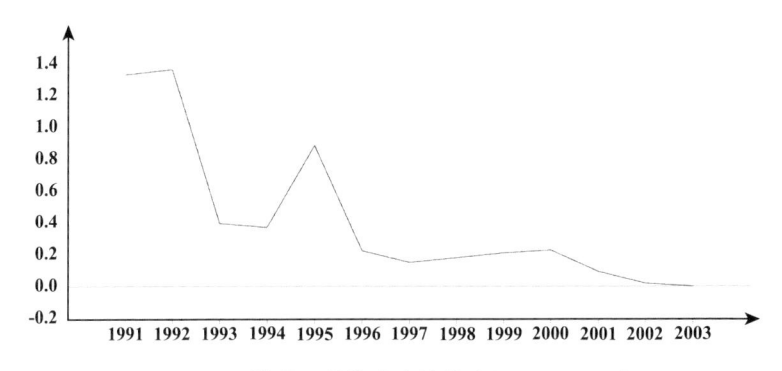

图 3-2　协整系数的稳定性检验(1978—2003)

注:1. 图 3-2 是以 1978—1990 年为基期递归计算出的 1991—2003 年的统计检验量。
　　2. 1 是 5%显著性水平的临界值,小于 1 的统计检验值则表明在该时点协整系数稳定。

　　Graham(1993)的研究表明,永久性收入模型的假定及政府与居民消费替代关系的显著性对样本期的选择是敏感的,因此,本章对改革开放后政府与居民消费关系进行递归协整分析,以检验协整阶数及协整系数的稳定性,检验结果分别列于图 3-1 及图 3-2。由于迹统计检验值是由 10%显著性水平的临界值(Osterwald-Lenum,1992)正则化,因此大于 1 的迹统计检验值则表明在该时点拒绝原假设。图 3-1 中的 $R(t)$ 清楚地显示,1991—2003 年间绝大多数年份里有且仅有一条迹统计值连线长期位于线 $x=1.0$ 之上,这充分表明了改革开放后政府与居民消费及相对价格之间有且仅有一个长期稳定的协整关系;在协整系数的稳定性检验中,图 3-2 显示 BETA_R 连线在绝大多数年份里均位于线 $x=1.0$ 之下,因此协整系数长期稳定。

3.8 改革前后消费的跨期替代关系分析

在估算出政府与居民消费的期内替代弹性之后,本章采用 GMM 方法,对欧拉方程组(3-8)进行联合估计①,以估算出两者各自的跨期替代弹性,估计结果列于表 3-4。估计过程中选择以下滞后 1 阶的工具变量:常数、C_t/C_{t-1}、C_t/C_{t-1}、C_t/C_{t-1} 以及 C_t/C_{t-1}。

表 3-4 欧拉方程组的 GMM 估计

	1960—1977		1978—2003	
	系数估计值	标准差	系数估计值	标准差
β	0.970***	0.000	1.023***	0.015
α	0.623***	0.002	0.427*	0.240
ν	0.504***	0.002	0.590***	0.147
J-统计量	4.423		4.342	

注:***、**及*分别表示通过 1%、5%及 10%显著性水平检验。

过度识别检验中,各 J-统计量均不能拒绝原假设,这说明该模型估计是有效的。

改革开放前,α、ν 的估计系数均通过 1%的显著性水平检验,其中 α 的系数估计约为 0.623,ν 为 0.504,这意味着改革前,

---

① 为了能进行有效估计,与 Amano 和 Wirjanto(1997)一样,我们假定偏好冲击不变,即 $\Lambda_{C_t}=1$、$\Lambda_{G_t}=1$。

居民和政府消费的跨期替代弹性约为 1.605 和 1.984。改革开放后，α、ν 的估计系数也都十分显著，其中 α 为 0.427，而 ν 为 0.59，这意味着改革后，居民和政府消费的跨期替代弹性约为 2.342 和 1.695，与改革前相比较，居民消费跨期替代弹性有了显著的上升，而政府消费跨期替代弹性则有了明显的下降。

表 3-5 改革前后政府与居民消费行为比较

	1960—1977	1978—2003
政府消费替代弹性	1.98	1.70
居民消费替代弹性	1.61	2.34
政府与居民消费的期内替代弹性	0.72	0.93
政府与居民消费的关系	Edgeworth-Pareto 互补	Edgeworth-Pareto 互补

改革后我国居民消费跨期替代弹性的显著上升，意味着改革后我国居民当期消费疲软，而跨期消费的意愿较强，同时由于面临着流动性约束，为了实现未来的消费，居民不得不增大现期储蓄。如图3-3所示，1960—1977年，我国居民的平均消费倾向基本上保持在0.95左右；改革后居民的平均消费倾向急剧下降，从1978年的0.943下降到1985的0.793，再到2000年的0.765。而我国在90年代中后期连续8次降低储蓄存款利率，并采取了一系列调整收入分配的政策（如"两个确保"和"增加机关事业单位职工工资"等政策），而且也实施了扩张性的财政政策刺激有效需求，这些措施虽然在一定程度上抑制了消费倾向的继续下滑，使得居民平均消费倾向在90年代中后期有了谨慎性的回升，但回升的幅度不大。从样本期总体上看我国消费

倾向仍呈走低趋势。与消费倾向总体下滑形成鲜明对比的却是居民储蓄率的不断攀升，由1960年的0.058上升到1979年的0.096，再到2000年的0.236。消费行为结构性转变的背后隐含的是改革进程中深刻的制度性转变。改革前计划经济体制下，个人的住房、医疗、教育以及养老均由政府包办，居民面对的不确定性很小；而在改革开放后计划经济体制向市场经济体制转变的过程中，各项相关的社会保障制度也随着进行了重大的改革：福利分房逐步取消，住房公积金制度全面推广；公费医疗制度为医疗保险所取代；子女教育特别是高等教育费用的绝大部分也由家庭负担。与此同时，我国商业银行的个人信贷业务在1998年才刚刚起步，消费信贷市场仍处于初级阶段，为了避免未来可能面临的流动性约束，居民不得不减少当期消费，增加预防性储蓄。

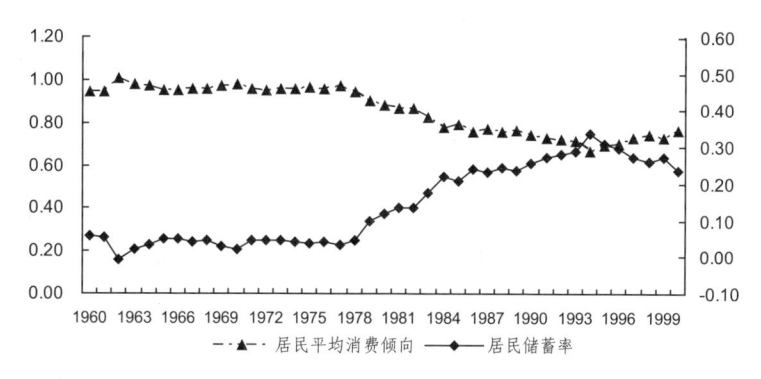

图3-3　1960—2000年中国居民平均消费倾向与储蓄率

注：数据来源于Modigliani and Cao(2004)，"The Chinese Saving Puzzle and the Life-Cycle Hypothesis"，p.147。

与改革前相比,我国政府消费的跨期替代弹性有了明显的下降,这意味着与改革前相比,改革后我国政府的当期消费有了较大的增加。究其原因,首先是由于20世纪80年代以来的国债发行,特别是90年代中后期以来国债发行规模的不断扩大,在客观上拓展了政府支出的融资空间,增强了财政宏观调控的能力。再者,1994年的分税制改革也是导致政府消费跨期替代弹性下降的重要因素。这一改革在理顺中央与地方财政分配关系的同时,也调动了中央与地方的积极性,使得税收征收工作得到了进一步的规范与增强,其中税收的实际征收率从1994年的50%提高到目前的70%左右,而1997年以来我国财政税收每年更是以1000—2000多亿元的速度增长,从而促进了财政收入增长机制的形成,保证了财政收入的稳定增加,降低了政府消费的支出约束。最后,改革后特别是1998年以来,政府为刺激内需而实施的扩张性财政政策,在客观上也导致了政府消费支出不断增长。

结合前面对期内替代弹性v/α的估计我们可知,无论是改革前还是改革后居民消费的跨期替代弹性$1/\alpha$均大于v/α(见表3-5),因此,改革前后政府与居民两者的消费均为互补关系,这与李广众(2005)的结论相一致。改革后期内替代弹性的上升说明了政府与居民消费的期内替代关系进一步凸现,即政府消费支出减少了居民部分的期内消费,同时由于较大的跨期替代弹性,居民期内消费的减少则意味着跨期消费的增多,跨期选择的结果使得消费者总效用上升,从而形成了政府与居民消费之间的互补关系。

3.9 本章小结

本章以 Amano 和 Wirjanto(1997,1998)永久性收入模型为基础,研究我国政府与居民消费之间的期内替代弹性以及两者各自的跨期替代弹性,并结合新的理论发展,检验政府和居民消费之间互补(替代或无关)关系。研究结果表明,1978 年后我国政府与居民消费行为发生了结构性转变:政府消费的跨期替代弹性有了显著的下降,而居民消费的跨期替代弹性及两者之间的期内替代弹性有了显著的上升。

居民消费跨期替代弹性的上升生动地刻画出我国居民消费行为在改革前后的结构性转变:改革开放以来,我国居民的平均消费倾向出现了较大幅度的下降,并伴随着储蓄率的不断攀升。

政府消费跨期替代弹性的下降则反映了改革后由于支出融资空间的拓展、分税制改革以及宏观调控需求等因素而造成的我国政府消费支出的不断增加。

研究同时还表明,虽然政府与居民消费的期内替代关系在改革后进一步凸现,同时由于居民消费的跨期替代弹性较大,改革后居民与政府消费仍保持着互补关系。

由以上的研究结果,我们还得到以下两点启示:

(1)我们政府消费的跨期替代弹性已有了明显的下降,因此,现阶段启动内需的关键是刺激占总需求约 80% 的居民消费支出,即通过完善个人信贷业务以及完善社会保障制度等措施减少个人面临的流动性约束和不确定性,从而降低居民消费的跨期替代弹性,促进当期消费。

(2)我国政府与居民消费在现阶段仍为互补关系,这就进一步为我国政府通过扩张性的财政支出来带动内需提供了理论基础,但我们不能对此过分乐观,当两者的期内替代关系进一步凸现(v/α上升)及居民当期消费的进一步增加($1/\alpha$下降),政府与居民消费将可能由互补过渡为替代关系。①

最后还必须指出,本章研究还存在一些有待改进的地方,由于数据的局限,本章只能对总体消费行为进行研究,如果能结合不同群体的偏好冲击,分样本对城镇和农村居民消费行为做进一步的分析,则显得更有意义。另外,同样是由于数据的局限,在利率的选择上仍存在一定的不足,所有的这些都将是下一步研究和改进的方向。

---

① 依据 Amano 和 Wirjanto(1997,1998)模型所进行的只能是相对静态的研究,目前还无法对未来关系可能变化的临界点进行预测与估算,这一问题有待以后的进一步研究。

第4章 财政支出是否挤出私人消费的国际研究

4.1 引言

私人消费是一个国家总需求的重要的组成部分,对国民经济的发展有着举足轻重的作用,而政府消费支出是宏观调控的重要工具,它在需求管理中的运用是否能达到预期的效果,常常成为各国政府关注的问题。正因如此,政府的消费支出对私人消费的效应一直是宏观经济学主要研究的问题之一,当政府消费与个人消费成互补关系时,意味着政府消费的增加促进了个人消费;而当两者成替代关系时,则意味着政府消费的增加在一定程度上减少了个人消费,从而降低了财政支出的乘数效应。因此,对政府与私人消费之间的互补(替代或无关)关系进行检验显得十分重要,它有助于我们正确评价财政政策的宏观效用,同时也为政府对未来财政政策的选择与安排,提供参考依据。

国内外现有的研究大部分是针对某个具体国家进行的分

析,而各国宏观数据时间跨度较小的这一局限,常常成为实际经验分析中的不足。因此,随着面板单位根检验及面板协整检验等方法的发展,在协整框架内对政府消费与居民消费的关系进行跨国研究,正成为该研究领域新的分析角度。面板技术的应用使得研究者在设定、控制面板单位个体行为差异方面获得了更大的灵活性,通过设定和检验各种复杂的行为模型而使研究者得以分析在传统时间序列中无法考察的重要的经济问题(详见 Baltagi,2001,p.7;Hsiao,2003,p.3)。而且,面板技术在降低共线性程度、提高预测精度和消去测量误差的影响等方面也拥有巨大的优势(Hsiao 和 Mountain,1994;Hsiao 和 Tahmiscioglu,1997)。同时,面板技术在协整框架内的应用更为研究者提供了更多的信息、更大的自由度以及更高的效率[①]:例如传统时间序列单位根检验常常因样本期较短而使其检验功效低下(Pierse 和 Shell,1995),面板单位根检验则充分利用了面板单位的个体信息而有效地克服了样本量较小的不足,进而提高了检验力度。Shiller 和 Perron(1985)、Perron (1989,1991)与 Pierse 和 Snell(1995)等人的研究也发现,传统时间序列协整检验方法的检验效果同样也受限于样本的时间跨度,而扩大时间跨度又可能遭遇"结构突变"等问题(Pedroni,2004,p.598),为了有效解决时间序列协整检验的小样本问题,以 Pedroni(1999,2004)研究为代表的异质面板协整检验方法也应运而生。因此,随着面板单

[①] 关于面板数据分析技术的优势的综合论述,有兴趣的读者可参阅 Hsiao(2003,pp.1-8)或 Baltagi(2001,pp.5-9)。

位根检验及面板协整检验等方法的日趋完善,采用面板技术在协整框架内对政府消费与居民消费的关系进行跨国比较正成为该领域新的研究动态。其中,代表性的研究如 Nieh 和 Ho(2006),他们直接以 Amano 和 Wirjanto(1997,1998)的模型为基础,采用面板协整方法对 23 个 OECD 国家的政府消费与居民消费的关系进行比较分析,估算出跨期替代弹性的面板系数为 1.199,而期内替代弹性的面板系数为 0.972,并由此得出在总体上政府与居民消费成互补关系的结论。

在国内有关政府与私人消费的关系问题上,我国很多学者已从不同的角度进行了很好的阐述,如结合实际利率考察政府消费对居民消费产生的影响,结合融资方式考察政府支出对居民消费的影响,结合"拥挤效应"考察政府消费对居民消费的影响,结合支出结构考察政府消费对居民消费的影响,等等,其中代表性的研究如曾令华(2000)、胡书东(2002)、马拴友(2003)、王志涛和文启湘(2004)及李广众(2005)等。但目前尚无结合私人消费的跨期替代弹性以及两者的期内替代弹性、对政府与私人消费的关系问题做进一步的分析。其次,大部分的研究主要集中在对我国这一单一国别的研究,有关跨国比较的研究几乎没有。因此,本章尝试着在现有研究的基础上做一个有益的补充,以 Amano 和 Wirjanto(1997,1998)的模型为基础,结合最新发展的面板单位根检验及面板协整检验等方法,对巴基斯坦、菲律宾、日本等 10 个亚洲国家和地区进行跨国比较,以研究各国政府与私人消费之间的期内替代弹性以及两者各自的跨期替代弹性,并在此基础上,分别从总体样本以及单位样本这两个不同角度检验各国政府消费与私人消费之间的互补(替代或无关)关系。

4.2 理论模型

本章同样是以 Amano 和 Wirjanto(1997,1998)永久性收入模型作为应用分析的理论框架。

令 C_t 和 G_t 分别为 t 时期实际的私人消费和政府消费,而 $P_C(t)$ 和 $P_G(t)$ 分别表示 t 时期私人和政府消费的价格,且令 $P_t = P_{G,t}/P_{C,t}$,Amano 和 Wirjanto(1997,1998)[①]研究表明,私人消费、政府消费以及相对价格之间存在着以下的协整关系。

$$\ln C_t = \mu + \left(\frac{1}{\alpha}\right)\ln P_t + \left(\frac{v}{\alpha}\right)\ln G_t + \varepsilon_t \qquad (4-1)$$

当我们进行跨国研究时,各国协整方程可进一步表述成:

$$\ln C_{i,t} = \mu + \left(\frac{1}{\alpha}\right)\ln P_{i,t} + \left(\frac{v}{\alpha}\right)\ln G_{i,t} + \varepsilon_{i,t} \qquad (4-2)$$

其中 i 表示不同的国别。根据 Amano 和 Wirjanto(1997,1998)的理论分析可知,当私人消费的跨期替代弹性 $1/\alpha$ 大于两者的期内替代弹性 v/α 时,政府与私人消费成 Edgeworth-Pareto 互补,而当跨期替代弹性 $1/\alpha$ 小于(或等于)期内替代弹性

[①] 模型推导的详细过程及相关细节可参阅本论文"第二章"的"理论模型"。

v/α 时,两者成 Edgeworth-Pareto 替代(或无关)关系。[①] 因此,与 Nieh 和 Ho(2006)对 23 个 OECD 国家的研究相类似,本章在对 10 个亚洲国家和地区的跨期替代弹性以及期内替代弹性进行有效估计的基础上,分别从总体样本和单位样本的这两个不同的角度,对政府与私人消费之间的替代(互补或无关)关系进行检验。

4.3 面板单位根检验方法

考虑以下基于面板数据的 AR(1)过程:

$$y_{it} = \rho_i y_{it-1} + X_{it}\delta_i + \varepsilon_{it} \quad (4-3)$$

其中,$i=1,2,\cdots,N$ 为面板单位数目,$t=1,2,\cdots,T_i$ 为面板单位的时间跨度,X_{it} 为模型中外生性变量,包括固定效应和面板各单位的趋势项,ρ_i 为自回归系数,ε_{it} 为相互独立的异质的扰动项。当 $|\rho_i|<1$,y_i 为弱(趋势)稳定过程,而当 $|\rho_i|=1$,y_i 为非平稳的 I(1)过程。根据对 ρ_i 同(异)质性假定的不同,所有的检验可分为两类,一类是假定所有的面板单位包含着共同的单位根,即对于各个不同单位的 i,$\rho_i=\rho$,代表性的检验如 LLC 检验(Levin、

[①] Amano 和 Wirjanto 这一理论分析的应用详见 Nieh 和 Ho(2006)。Nieh 和 Ho(2006)以 Amano 和 Wirjanto(1997,1998)的模型为基础,对 23 个 OECD 国家消费的跨期替代弹性以及期内替代弹性进行有效估计,并由此检验政府与居民消费的关系。

Lin & Chu,2002)、Breitung 检验(Breitung,2000)及 Hadri 检验(Hadri,1999),这三种检验的区别在于 LLC 检验和 Breitung 检验的原假设为各面板单位存在着共同的单位根,而 Hadri 检验则采用了不存在共同单位根的原假设;另一类检验则放宽了同质性假定,允许 ρ_i 在不同的面板单位中自由变化,与第一类检验相比,放宽了假定。进一步接近了客观现实,其中代表性的如 IPS 检验(Im、Pesaran & Shin,2003)、Fisher-ADF。和 Fisher-PP 检验(Maddala & Wu,1999;Choi,2001)。

为了保证结论的稳健性,本章分别采用 Breitung 检验、IPS 检验、Fisher-ADF 和 Fisher-PP 检验对面板数据进行单位根检验。其中,Im 等人(2003)通过蒙特卡洛模拟研究表明 IPS 检验具有较好的小样本性质;[①]而 Fisher-ADF 和 Fisher-PP 检验则通过构造组合 P 值的统计量实现面板的单位根检验,与其相比较,以上面板单位根检验均为渐近检验,而组合 P 值检验则为精确检验(exact test)。下面,对本章所采用的这几种检验方法做进一步的简要阐述[②]:

Breitung 检验中,首先对各面板单位进行如下的 ADF 回归:

$$\Delta y_{it} = \alpha y_{it-1} + \sum_{j=1}^{p_i} \beta_{ij} \Delta y_{it-j} + X'_{it}\delta + \varepsilon_{it} \qquad (4-4)$$

在假设各面板单位拥有共同单位根的同时,允许各面板单位差分项的有着不同的滞后阶数 ρ_i。其原假设和备择假设如下:

[①] 详见 Im、Pesaran 和 Shin(2003)表 4—7 的模拟结果。
[②] Breitung 检验、IPS 检验、Fisher-ADF 和 Fisher-PP 检验的具体推导过程和相关细节分别详见 Breitung(2000),Im、Pesaran 和 Shin(2003),Maddala 和 Wu(1999)以及 Choi(2001)。

$$H_0: \alpha = 0 \qquad (4-5)$$

$$H_0: \alpha < 0 \qquad (4-6)$$

在原假设下,存在着面板单位根,而在备择假设下,则不存在单位根。检验过程中分别把 Δy_{it} 和 y_{it} 剔除自回归项 Δy_{it-j} ($j=1,\cdots,p_i$) 的影响以进行标准化,并在此基础上进行转化及退势处理,构建出代理变量 Δy_{it}^* 和 y_{it-1}^*,再进行代理 ADF 回归:

$$\Delta y_{it}^* = \alpha^* y_{it-1}^* + v_{it} \qquad (4-7)$$

Breitung 的研究表明,在原假设下 α^* 遵从渐进正态分布。

IPS 检验中,对各面板单位进行如下 ADF 回归:

$$\Delta y_{it} = \alpha_i y_{it-1} + \sum_{j=1}^{p_i} \beta_{ij} \Delta y_{it-j} + X_{it}' \delta + \varepsilon_{it} \qquad (4-8)$$

原假设为:

$$H_0: \alpha_i = 0, \text{对于任意的 } i \qquad (4-9)$$

备择假设为:

$$H_1: \begin{cases} \alpha_i = 0 & i = 1, 2, \cdots, N_1 \\ \alpha_i < 0 & i = N_1+1, N_1+2, \cdots, N \end{cases} \qquad (4-10)$$

在对以上各面板单位的 ADF 回归方程进行估计的基础上,获得 N 个与 α_i 相对应的 t 统计检验值 $t_{iT_i}(p_i)$,并计算其平均值 $\bar{t}_{NT} = \frac{1}{N}\sum_{i=1}^{N} t_{iT_i}(p_i)$,再用 $\bar{t}_{NT}$ 构造面板 IPS 检验的统计量:

$$W_{\bar{t}_{NT}} = \frac{\sqrt{N}[\bar{t}_{NT} - N^{-1}\sum_{i=1}^{N} E(t_{iT_i}(p_i))]}{\sqrt{\sum_{i=1}^{N} Var(t_{iT_i}(p_i))/N}} \to N(0,1) \qquad (4-11)$$

其中，$E(t_{iT_i}(p_i))$ 和 $Var(t_{iT_i}(p_i))$ 分别为各 $t_{iT_i}(p_i)$ 相对应的均值和方差。

在 Fisher-ADF 和 Fisher-PP 检验中，原假设和备择假设均与 IPS 检验相同，不同之处在于，Fisher-ADF 和 Fisher-PP 分别对各面板单位进行 ADF 和 PP 单位根检验，得到各面板单位的统计检验量的 P 值 π_i，并在此基础上，通过构造以下统计量实现面板的单位根检验：

$$-2\sum_{i=1}^{N}\log(\pi_i) \to \chi^2(2N) \qquad (4-12)$$

此外，Choi 还证明

$$\frac{1}{\sqrt{N}}\sum_{i=1}^{N}\Phi^{-1}(\pi_i) \to N(0,1) \qquad (4-13)$$

其中，Φ^{-1} 为标准正态累积分布函数的逆。

4.4 面板协整检验方法

Pedroni(1999,2004)以协整方程的回归残差为基础构造出 7 个统计量①，以检验面板变量之间的协整关系，检验中拒绝原假设则意味着变量之间存在着协整关系。7 个统计检验量中，其中 4 个是用联合组内(within-dimension)尺度来描述，用"Panel"来表示，分别包括"Panel v 统计量"、"Pane ρ 统计量"、"Pan-

---

① 这 7 个统计检验量的具体推导过程及其相关细节详见 Pedroni(1999,2004)。

el PP 统计量"和"Panel ADF 统计量";另外 3 个统计检验量则用组间(between-dimension)尺度来描述,用"Group"表示,分别包括"Group ρ 统计量"、"Group PP 统计量"和"Group ADF 统计量"。检验过程中不仅允许不同面板单位存在着不同固定效应和短期动态效应,而且允许存在着不同的长期协整系数;

Pedroni(1995,1999)的协整检验首先是对以下协整方程进行回归:

$$y_{i,t} = \alpha_i + \delta_i t + \beta_{1i} x_{1i,t} + \beta_{2i} x_{2i,t} + ... + \beta_{Mi} x_{Mi,t} + e_{i,t},$$
$$t = 1,2,...,T; \quad i = 1,2,...,N; \quad m = 1,2,...,M \quad (4-14)$$

其中 T 为样本的时间跨度,N 为样本单位个数,M 为回归变量的个数。在这里由于允许不同单位之间存在着不同的斜率、固定效应系数以及个体确定趋势系数,因此模型中允许面板单位之间存在很大的差异。

在此基础上,Pedroni 利用协整方程(4-14)的残差构造以下 7 个统计检验量[①],以检验"不存在协整关系"的原假设:

Panel v 统计量:$Z_v = \left(\sum_{i=1}^{N} \sum_{t=1}^{T} \hat{L}_{11i}^{-2} \hat{e}_{i,t-1}^{2} \right)^{-1}$

Pane ρ 统计量:$Z_\rho = \left(\sum_{i=1}^{N} \sum_{t=1}^{T} \hat{L}_{11i}^{-2} \hat{e}_{i,t-1}^{2} \right)^{-1} \sum_{i=1}^{N} \sum_{t=1}^{T} \hat{L}_{11i}^{-2} \left(\hat{e}_{i,t-1} \Delta \hat{e}_{i,t} - \hat{\lambda}_i \right)$

Panel PP 统计量:$Z_t = \left(\tilde{\sigma}_{N,T}^{2} \sum_{i=1}^{N} \sum_{t=1}^{T} \hat{L}_{11i}^{-2} \hat{e}_{i,t-1}^{2} \right)^{-1/2} \sum_{i=1}^{N} \sum_{t=1}^{T} \hat{L}_{11i}^{-2} \left(\hat{e}_{i,t-1} \Delta \hat{e}_{i,t} - \hat{\lambda}_i \right)$

Panel ADF 统计量:$Z_t^* = \left(\tilde{s}_{N,T}^{*2} \sum_{i=1}^{N} \sum_{t=1}^{T} \hat{L}_{11i}^{-2} \hat{e}_{i,t-1}^{*2} \right)^{-1/2} \sum_{i=1}^{N} \sum_{t=1}^{T} \hat{L}_{11i}^{-2} \hat{e}_{i,t-1}^{*} \Delta \hat{e}_{i,t}^{*}$

---

① 详细推导过程及相关细节详见 Pedroni(1999)。

Group ρ 统计量：$\tilde{Z}_\rho = \sum_{i=1}^{N} \left(\sum_{t=1}^{T} \hat{e}_{i,t-1}^2 \right)^{-1} \sum_{t=1}^{T} \left(\hat{e}_{i,t-1} \Delta \hat{e}_{i,t} - \hat{\lambda}_i \right)$

Group PP 统计量：$\tilde{Z}_t = \sum_{i=1}^{N} \left(\hat{\sigma}_i^2 \sum_{t=1}^{T} \hat{e}_{i,t-1}^2 \right)^{-1/2} \sum_{t=1}^{T} \left(\hat{e}_{i,t-1} \Delta \hat{e}_{i,t} - \hat{\lambda}_i \right)$

Group ADF 统计量：$\tilde{Z}_t^* = \sum_{i=1}^{N} \left(\sum_{t=1}^{T} \hat{s}_i^{*2} \hat{e}_{i,t-1}^{*2} \right)^{-1/2} \sum_{t=1}^{T} \hat{e}_{i,t-1}^* \Delta \hat{e}_{i,t}^*$

其中：

$\hat{\lambda}_i = \frac{1}{T} \sum_{s=1}^{k_i} \left(1 - \frac{s}{k_i+1}\right) \sum_{t=s+1}^{T} \hat{\mu}_{i,t} \hat{\mu}_{i,t-s}$, $\hat{s}_i^2 = \frac{1}{T} \sum_{t=1}^{T} \hat{\mu}_{i,t}^2$, $\hat{\sigma}_i^2 = \hat{s}_i^2 + 2\hat{\lambda}_i$, $\tilde{\sigma}_{N,T}^2 = \frac{1}{N} \sum_{i=1}^{N} \hat{L}_{11i}^2 \hat{\sigma}_i^2$

$\hat{s}_i^{*2} = \frac{1}{T} \sum_{t=1}^{T} \hat{\mu}_{i,t}^{*2}$, $\tilde{s}_{N,T}^{*2} = \frac{1}{N} \sum_{i=1}^{N} \hat{s}_i^{*2}$, $\hat{L}_{11i}^2 = \frac{1}{T} \sum_{t=1}^{T} \hat{\eta}_{i,t}^2 + \frac{2}{T} \sum_{s=1}^{k_i} \left(1 - \frac{s}{k_i+1}\right) \sum_{t=s+1}^{T} \hat{\eta}_{i,t} \hat{\eta}_{i,t-s}$

上式中的 $\hat{\mu}_{i,t}$，$\hat{\mu}_{i,t}^*$ 和 $\hat{\eta}_{i,t}$ 分别来自下列回归式的残差：

$\hat{e}_{i,t} = \hat{\gamma}_i \hat{e}_{i,t-1} + \hat{\mu}_{i,t}$；$\hat{e}_{i,t} = \hat{\gamma}_i \hat{e}_{i,t-1} + \sum_{k=1}^{K_i} \hat{\gamma}_{i,k} \Delta \hat{e}_{i,t-k} + \hat{\mu}_{i,t}^*$；$\Delta y_{i,t} = \sum_{m=1}^{M} \hat{b}_{mi} \Delta x_{mi,t} + \hat{\eta}_{i,t}$

同时，Pedroni(1999,2004)的研究表明，每一个标准化统计量渐进满足标准正态分布：

$$\frac{\chi_{N,T} - \mu\sqrt{N}}{\sqrt{\nu}} \Rightarrow N(0,1) \qquad (4-15)$$

上式中的标准化因子 μ 和 ν 的值依赖于所考虑的统计量、自变量的个数 m 以及是否包括个体特定的常数项和(或)趋势项①；同时，Pedroni(1999)的研究表明，与其他统计量相比，Panel ADF 统计量和 Group ADF 统计量有着更好的小样本性质。

---

① 当自变量的个数 $m \geq 2$，标准化因子 μ 和 ν 的值详见 Pedroni(1999)表2；当自变量的个数 $m=1$，标准化因子 μ 和 ν 的值详见 Pedroni(2004, p.606)。

4.5 面板协整估计方法

完全修正 OLS 估计方法(FMOLS)在时间序列计量分析中得到了广泛的应用,因为它能有效校正因系统扰动相关而产生的估计偏差,在此基础上,Pedroni(2000,2001)提出了两种基于 FMOLS 进行面板协整估计的方法:一种为组内(within-group)面板 FMOLS 估计方法,另外一种为组间(between-group)面板 FMOLS 估计方法。同时 Pedroni(2000)的研究表明,与组内面板 FMOLS 估计方法相比,组间面板 FMOLS 方法有着更灵活的设定及更好的小样本性质。因此,本章采用组间面板 FMOLS 方法进行面板协整估计。

考虑以下的面板协整关系:

$$Y_{it} = a_i + \beta X_{it} + \mu_{it}$$
$$X_{it} = X_{it-1} + \varepsilon_{it} \tag{4-16}$$

其中,$i=1,2,\cdots,N$ 为面板单位数目,令 $Z_{it}=(Y_{it},X_{it})' \sim I(1)$,$\xi_{it}=(\mu_{it},\varepsilon_{it})' \sim I(0)$,非平稳序列之间存在着以系数矩阵 β 为协整系数的协整关系。需要说明的是,a_i 允许各面板单位的协整关系中存在着不同的固定效应。令 Z_{it} 与 ξ_{it} 之间的长期协方差矩阵为 Ω_i,同时对协方差矩阵做进一步的分解,得 $\Omega_i = \Omega_i^0 + \Gamma_i + \Gamma_i'$,其中 Ω_i^0 为同期协方差矩阵,Γ_i 为自协方差矩阵的加权总和。

协整关系系数 β 的组间 FMOLS 估计表述如下:

$$\hat{\beta}_{GFM} = N^{-1} \sum_{i=1}^{N} \left(\sum_{t=1}^{T} (X_{it} - \overline{X}_i)^2 \right)^{-1} \left(\sum_{t=1}^{T} (X_{it} - \overline{X}_i) Y_{it}^* - T\hat{\tau}_i \right) \quad (4-17)$$

其中,$Y_{it}^* = (Y_{it} - \overline{Y}_i) - \frac{\hat{L}_{21i}}{\hat{L}_{22i}} \Delta X_{it}$

$\hat{\tau}_i \equiv \hat{\Gamma}_{21i} + \hat{\Omega}_{21i}^0 - \frac{\hat{L}_{21i}}{\hat{L}_{22i}} (\hat{\Gamma}_{22i} + \hat{\Omega}_{22i}^0)$

由式(4-17)可知,组间 FMOLS 估计可重新表述为 $\hat{\beta}_{GFM} = N^{-1} \sum_{i=1}^{N} \hat{\beta}_{FM,i}$,其中 $\hat{\beta}_{FM,i}$ 为第 i 个面板单位传统的 FMOLS 估计。当 T 和 N 趋向于无穷,与其相对应的 t 统计量[①]遵循标准正态分布。

4.6 亚洲财政支出与私人消费关系的面板协整分析

4.6.1 数据说明

样本中包括巴基斯坦、菲律宾、印尼、中国和中国香港等10个国家和地区的数据(见表4-1),样本的时间跨度为1977—2002年;样本国家和地区以及样本时间跨度的选择基于统计数据的可得性。

为了具有可比性,本章所采用的数据中,名义(实际)政府消费支出、名义(实际)私人消费支出以及总人口均来自《世界

---

① 具体表达及相关细节详见 Pedroni(2000)。

发展指标》(世界银行,2004),各变量均为年度变量,其中,人均实际变量为各实际总变量除以总人口获得;通过将政府的名义消费除以按不变价格计算的政府消费,构造隐含的价格指数 $P_{G,t}$,采用同样的方法构造隐含的私人消费价格指数 $P_{C,t}$,用两者的比率 $P_{G,t}/P_{C,t}$ 构造相对价格指数 P_t。

表 4-1 样本及样本时期的说明

名称	样本时期	名称	样本时期
巴基斯坦	1977—2002	斯里兰卡	1977—2002
菲律宾	1977—2002	泰国	1977—2002
韩国	1977—2002	印度	1977—2002
马来西亚	1977—2002	中国	1978—2002
日本	1977—2001	中国香港	1977—2002

注:考虑到制度变迁因素的影响,中国样本的时间跨度为 1978—2002 年,数据不包括港澳台,下同;日本可获得的样本数据为 1977—2001 年,其他样本数据的时间跨度均为 1977—2002 年。

4.6.2 面板单位根检验

为了保证结论的稳健性,本章分别采用 IPS 检验、Fisher-ADF、Fisher-PP 检验及 Breitung 检验,对面板数据进行单位根检验,结果列于表 4-2。由表 4-2 可知,当我们对各个时间序列的水平值进行检验时,检验结果均表明不能拒绝"存在单位根"的原假设;而当对各个时间序列的一阶差分进行检验时,检验结果则显著地拒绝"存在单位根"的原假设。由此,我们可断定样本中的各个时间序列均为非平稳的 I(1) 过程。

表 4-2 面板单位根检验

	IPS W-statistic	ADF-Fish Chi-square	PP-Fish Chi-square	Breitung t-statistic
$\ln C_t$	0.263 [0.604]	18.602 [0.548]	20.393 [0.434]	1.504 [0.934]
$\Delta \ln C_t$	-10.582 [0.000]	133.035 [0.000]	121.773 [0.000]	-8.630 [0.000]
$\ln P_t$	1.601 [0.945]	16.301 [0.698]	16.267 [0.700]	-1.053 [0.146]
$\Delta \ln P_t$	-13.337 [0.000]	170.863 [0.000]	180.835 [0.000]	-4.636 [0.000]
$\ln G_t$	0.314 [0.623]	17.044 [0.650]	17.790 [0.601]	0.963 [0.832]
$\Delta \ln G_t$	-8.428 [0.000]	103.153 [0.000]	128.702 [0.000]	-6.205 [0.000]

注:1.中括号里的值为 P 值。
2.变量前加"Δ"表示对变量做一阶差分。
3.检验形式为只带截距项。

4.6.3 面板协整检验

在面板单位根检验的基础上,本章接着进行面板协整检验,以检验各个非平稳时间序列之间是否存在着协整关系。本章采用 Pedroni(1999,2004)的方法,以回归残差为基础构造出 7 个统计量进行面板协整检验,其中除了 Panel v-stat 为右尾检定之外,其余统计检验量均为左尾检定。如表 4-3 所示,经过标准化的检验统计量中,各个统计量均在 1%(或 5%)的显著性水平下拒绝"不存在协整关系"的原假设,这表明非平稳时间序列 $\ln C_t$、$\ln P_t$ 和 $\ln C_t$ 之间存在着协整关系。

表 4-3　面板协整检验

Panel v-stat	6.756***
Panel ρ-stat	-2.391***
Panel pp-stat	-2.294**
Panel adf-stat	-2.344***
Group ρ-stat	-1.861**
Group pp-stat	-2.198**
Group adf-stat	-3.348***

注:1.各统计量均经过标准化,因此遵循渐进标准正态分布。

2.除了 Panel v-stat 为右尾检定之外,其余统计检验量均为左尾检定。

3.***、** 分别表示在 1%、5% 的显著性水平上拒绝不存在协整关系的原假设。

4.6.4　面板及个体单位的协整估计

在对单位样本进行估计时,本章采用传统的 FMOLS 方法,而在对面板进行协整估计时,则采用 Pedroni(2000,2001)的组间 FMOLS 方法,结果列于表 4-4。由第二部分的模型分析可知,变量之间存在着以 $(1,-1/\alpha,-v/\alpha)$ 为协整系数的协整关系,在对面板及单位国家的协整估计中我们发现,所有估计系数的符号与理论预期相吻合,且绝大部分系数估计高度显著,因此,本章的分析框架是有效的。

表 4-4　面板及个体单位的 FMOLS 估计

名称	$1/\alpha$ 的估计值	$1/\alpha$ t统计值	v/α 的估计值	v/α t统计值
巴基斯坦	0.86*	1.67	0.32**	2.15
菲律宾	0.30***	9.95	0.17**	2.38

续表

韩国	0.72**	2.42	1.10***	6.20
马来西亚	1.25***	2.79	1.17***	10.67
日本	1.41**	2.30	0.58***	5.41
斯里兰卡	0.38***	3.03	0.61***	10.46
泰国	0.97	1.37	1.01***	4.38
印度	1.09**	2.01	0.67***	7.01
中国	0.14	0.39	1.08***	18.99
中国香港	0.21	0.85	0.98***	5.96
Panel FMOLS 估计结果				
不带时间dummy 变量	0.73***	8.47	0.77***	23.28
带时间dummy 变量	0.30***	2.93	0.38***	13.28

注：***、**及*分别表示通过1%、5%及10%的显著性水平检验。

在面板协整估计中，不带共同时间 dummy 变量时，私人消费跨期替代弹性（$1/\alpha$ 系数）的估计值为 0.73，而私人消费与政府消费的期内替代弹性（v/α 系数）的估计值为 0.77，且均通过 1%的显著性水平检验；带共同时间 dummy 变量时，私人消费跨期替代弹性的估计值为 0.30，而期内替代弹性的估计值为 0.38，且都高度显著。同时，我们发现无论是带 dummy 变量还是不带 dummy 变量的面板估计中，跨期替代弹性均小于期内替代弹性，即 $1/\alpha < v/\alpha$，依据 Amano 和 Wirjanto（1997，1998）的分析可知，在我们研究的样本及时期内，总体上政府消费与私人消费成替代关系，这就意味着政府消费支出在一定程度上挤出了私人消费，从而降低了"乘数效应"，这与 Nieh 和 Ho（2006）对

23个OECD国家的研究结果相反。

在对各样本进行估计中,私人消费与政府消费的期内替代弹性(v/α系数)的估计值均通过1%(或5%)的显著性水平检验,而在对私人消费跨期替代弹性($1/\alpha$系数)的估计中,除了泰国、中国、中国香港以外,其他样本的估计值均高度显著,同时,在对两种弹性的比较分析中我们发现,韩国和斯里兰卡这2个样本的跨期替代弹性均小于期内替代弹性,这就意味着这2个样本的政府消费与私人消费成替代关系;而巴基斯坦、菲律宾、马来西亚、日本和印度这5个样本的跨期替代弹性均大于期内替代弹性,因此,这5个样本的政府消费与私人消费成互补关系。其中,对日本的研究结果与Okubo(2003)的结论相一致。

此外,由于泰国、中国和中国香港的跨期替代弹性的估计系数并不显著,由Amano和Wirjanto(1997,1998)的研究可知,当我们利用协整关系式而无法对跨期替代弹性进行有效估计时,为了能对这3个样本政府与居民消费的关系进行有效检验,则必须在本章估计期内替代弹性的基础上,进一步结合当地居民所持资产的实际回报率,分别对这3个样本的跨期欧拉方程组进行GMM估计,以得到跨期替代弹性的有效估计,这一问题有待以后的进一步研究。

4.7 本章小结

政府支出工具在需求管理中的运用,是否能达到预期的效果,一直都是各国政府和学术界关注的问题,对此,本章结合最近发展的面板单位根检验及面板协整检验等方法,以 Amano 和 Wirjanto(1997,1998)永久性收入模型为基础,对巴基斯坦、菲律宾、日本等 10 个亚洲国家和地区进行跨国比较,以研究政府消费与私人消费之间的期内替代弹性以及两者各自的跨期替代弹性,并结合新的理论发展检验各国家和地区政府消费与私人消费之间的互补(替代或无关)关系。

研究结果表明,在本章研究的各样本及时期内,总体上政府与私人消费成替代关系,而在对各样本的比较分析中我们发现,韩国和斯里兰卡的跨期替代弹性均小于期内替代弹性。因此,这 2 个样本的政府消费与私人消费成显著的替代关系,政府消费支出在一定程度上挤出了私人消费,降低了乘数效应。与此同时,巴基斯坦、菲律宾、马来西亚、日本和印度这 5 个样本的跨期替代弹性均大于期内替代弹性,因此,在这 5 个样本里,政府与私人消费呈现出显著的互补关系,这就为未来财政政策的选择与安排进一步提供了参考依据。

本章从比较跨期替代弹性和期内替代弹性的角度分析了政府与居民消费的关系,是对现有研究的一个有益补充。同时,本章在协整框架内对各样本政府与私人消费关系进行检验的过程中,采用了最新发展的面板单位根检验及面板协整检验等方法,这就充分地利用了各单位样本的信息,有效地克服各样本宏观数据时间跨度较小这一不足,增强了本章分析框架的有效性,进而提高了结论分析的可靠性。

最后还必须指出,本章研究还存在着一些有待改进的地方,由于面板协整分析方法仍处在完善、发展阶段,面板协整系数稳定性检验方法还未发展,因此,本章还无法对面板估计系数的稳定性①进行有效检验;此外,由于泰国和中国香港的跨期替代弹性的估计系数并不显著,因此,为了能对这2个样本的消费关系进行有效检验,结合欧拉方程组对跨期替代弹性做进一步的分析则显得十分必要,所有的这些都将是下一步研究和改进的方向。

---

① Graham(1993)的研究表明,永久收入模型的假定及政府与居民消费替代关系的显著性对样本期的选择是敏感的。

第5章 财政支出与私人消费关系及影响因素研究

5.1 引言

自20世纪90年代中后期以来,我国经济在转轨过程中呈现出以内需不足为主要特征的基本态势。官方的统计数据显示(见表5-1),从2000年开始,我国居民消费率与最终消费率均呈逐年下降趋势,而最近10年来,我国居民消费率平均仅为41.76%,远低于发达国家60%—70%[①]的水平,而最终消费率平均仅为56.56%,比世界平均消费率低了近20个百分点。因此,消费增长相对滞后、内需不足已成为现阶段我国宏观经济面临的亟需解决的重要问题。2008年后,面对国际金融危机的冲击,我国政府审时度势地实施了旨在促进消费、扩大内需的积极财政政策,以期促进经济平稳较快发展。在此背景下,政府消费支出与私人消费的关系问题已成为目前亟需研究的重要课题,

---

① 李文星等人(2008,p.118)在研究中也指出,"同期美国、英国、日本、印度和俄罗斯的居民消费率分别大约是71%、65%、56%、60%和55%"。

财政政策在总需求管理中的运用是否引发"挤出效应",从而降低政策的执行效果以及社会资金的运用效率也成为当前政府和学术界广泛关注的问题。因此,随着未来财政支出规模的不断增加①,现阶段对政府消费支出与私人消费的关系问题展开深入研究显然具有重要的学术价值与现实意义,它不仅有助于我们正确地评价财政政策在需求管理中的宏观效应,而且也为政府对未来宏观政策的选择与安排提供重要的参考依据。

表 5-1 中国居民消费率和最终消费率

	1998	1999	2000	2001	2002	2003	2004	2005	2006	2007	平均
居民消费率	45.34	46.00	46.44	45.16	43.68	41.67	39.83	37.74	36.31	35.45	41.76
最终消费率	59.6	61.1	62.3	61.4	59.6	56.8	54.3	51.8	49.9	48.8	56.56

注:1.最终消费率是指最终消费支出占支出法国内生产总值的比重,而居民消费率是指居民消费占国内生产总值的比重。
2.数据来源于《中国统计年鉴2008》。

一直以来政府消费支出是宏观调控的重要工具,它在需求管理中是否具有有效性,在很大程度上取决于政府消费与私人消费的关系。在现实的经济运行中,政府消费支出与私人消费两者之间可形成互补(或替代)关系,例如政府通过财政支出提供免费的学校午餐等,它们将与私人消费形成替代关系,而政府在交通等公共基础设施方面的支出则与私人消费成互补关系。

---

① 为了应对国际金融危机所带来的严峻挑战,现阶段我国在实施积极财政政策的同时,宣布在2010年年底以前投资四万亿元资金,以刺激消费、扩大内需,促进经济平稳较快增长。

此外,政府的某些消费支出则与私人消费形成替代与互补同时并存的关系,例如,政府在食品药物安全监督方面的支出,既使私人减少了对食品药物安全检疫的支出,又使私人增加了对食品医药的消费支出(Karras,1994,p.9)。当政府消费与私人消费在总体上成互补关系时,意味着政府消费支出的增加促进了私人消费,而当两者在总体上成替代关系时,则意味着政府消费的增加在一定程度上减少了私人消费,从而降低了财政支出的乘数效应。因此,对两者之间的互补(替代或无关)关系进行检验具有重要的意义。正因如此,学术界也从不同的角度对两者的关系展开了深入的研究。其中,Kormendi(1983)和 Aschauer(1985)采用永久性收入的方法研究发现,美国政府支出与私人消费之间存在着显著的替代关系;Ahmed(1986)在跨期替代模型中发现英国政府支出在一定程度上挤出了私人消费;Ho(2001a)结合马尔可夫体制转换模型研究发现,中国台湾地区的政府支出与私人消费成替代关系;此外,Ho(2001b)从总体样本的角度考察了 24 个 OECD 国家,研究发现政府支出与私人消费成替代关系。然而,实证结果并非完全一致,研究发现,政府支出与私人消费同样可形成互补关系。代表性的学者如 Karras(1994),他通过研究 30 个样本的政府消费支出与私人消费的关系,发现两者成互补关系;Evan 和 Karras(1996)对 54 个样本的研究也表明政府消费支出与私人消费成互补关系;Blanchard 和 Perotti(2002)运用结构向量自回归模型(SVAR)研究发现,第二次世界大战后美国政府支出挤入了私人消费;Okubo(2003)则从消费的跨期替代与期内替代的角度,考察了日本

1971—1997年间政府消费与私人消费的关系,并得出两者成互补关系的结论。

与此同时,随着面板单位根检验与面板协整检验方法的日趋完善,为了克服在经验分析中宏观数据时间跨度较小这一局限性,提高结论分析的可靠性,近年来在面板协整框架内对政府消费与私人消费的关系进行跨国比较正成为该领域新的研究动态,相关文献也开始涌现。其中,代表性的研究如Kwan(2005),他在面板协整框架下,分别从总体样本和单位样本两个角度对亚洲9个国家和地区的政府消费与私人消费的关系进行检验;Nieh和Ho(2006)则采用面板协整分析方法,从总体样本的角度考察了23个OECD国家的政府消费与私人消费的关系。然而,在对政府消费与私人消费关系进行面板协整分析的文献中,现有研究大多采用了第一代分析方法,即在进行面板单位检验或面板协整检验过程中先验地假定各截面单位相互独立。然而,近年来的研究却表明,由于常常存在某些共同的影响因子(如经济周期冲击),使得截面单位相互独立是一个严格却未必真实的假定(Moon和Perron,2004,p.103),而且,在实际检验中忽略了实际存在的截面相关性可能导致结论出现显著偏差(O'Connell,1998;Banerjee et al.,2004)。因此,在对政府消费与私人消费关系展开面板协整分析的过程中,如何有效地克服可能存在的截面相关性,成为该研究领域的一个重要的问题。

在以上对政府消费与私人消费关系问题进行研究的基础上,经济学家们试图对"影响政府与私人消费关系的相关因素"

进行阐述。然而,现有的相关研究并不多,其中代表性的学者如Karras(1994),他在对30个样本的跨国比较中发现,政府规模是影响两者关系的重要因素,并得出"政府与私人消费的互补程度随着政府规模的增大而减弱",即替代程度与政府规模成正相关关系,而Evan和Karras(1996)则在此基础上,结合支出结构对54个样本做进一步分析发现,替代程度与政府支出中的国防支出比重成负相关关系。这就意味着随着政府支出规模的不断扩大,特别是政府支出中非国防支出的不断增加,政府在公共领域中提高私人消费边际效用的能力将不断地下降,甚至可能出现降低私人消费边际效用的"不理想"情况。因此,对这一结论是否成立做进一步检验显得十分必要。这是因为依据瓦格纳法则,随着经济的发展,社会对公共物品的需求将不断增加,从而导致政府规模也随着扩大,而且全球在经历20世纪30年代的经济大萧条、70年代的石油危机、90年代末的亚洲金融危机以及2008年国际金融危机之后,各国政府在总需求管理中的宏观调控力度也在不断地增强,从而使得政府规模也在不断地增长;此外,Mueller(2003)对美国等14个西方国家的研究也表明,政府规模的不断扩张已成为一种全球趋势。[①] 因此,如果Karras(1994)所提出的"政府与私人消费的互补程度随着政府规模的增大而减弱"这一命题成立,则意味着随着政府规模的扩大,政府在带动有效需求、促进经济增长方面的作用将逐渐减弱,而且

[①] Mueller(2003)的研究发现,美国等14个西方国家的政府规模在1920年的平均值为19.6%,1960年则上升为28%,而到了1980年则进一步上升至41.9%,到了1996年政府规模的平均值已达45.0%。

在达到一定"最优规模"之后,政府在宏观调控领域里"少作为"甚至"不作为"则显得十分必要。

在国内有关政府与私人消费关系问题的研究上,我国很多学者已从不同角度对其进行了很好的阐述,如结合实际利率考察政府消费对居民消费产生的影响,结合融资方式考察政府支出对居民消费的影响,结合"拥挤效应"考察政府消费对居民消费的影响,结合支出结构考察政府消费对居民消费的影响,结合长短期动态关系考察政府支出对居民消费的影响,结合消费的期内替代与跨期替代考察政府消费对居民消费的影响,等等,其中代表性的研究如曾令华(2000)、胡书东(2002)、马拴友(2003)、王志涛和文启湘(2004)、李广众(2005)、王宏利(2006)以及杨子晖(2006)等。然而,现有大部分的研究主要集中在对我国这一单一国别的研究,有关跨国比较的研究仍然较少;而且,我国学者主要针对政府与私人消费关系这一问题进行分析,却没有在此基础上对影响两者关系的相关因素进行研究,尤其是没有对"政府规模等是否为两者关系的影响因素"这一问题展开深入研究。我国自1998年以来为启动内需而实施的积极财政政策,使政府消费支出不断增加,已从1998年的约12358亿元增长到2007年的35127亿元[①],而且现阶段为了应对国际金融危机所带来的严峻挑战,我国政府在重启积极财政政策的同时,出台了包括四万亿支出计划在内的一揽子政策措施,以期带动私人消费,扩大有效需求。在此背景下,对"政府规模等是否为两者关系的影响因素"这一问题展开深入研究同

---

① 数据来源于2008年《中国统计年鉴》。

样具有重要的现实意义,它关系到我国未来财政政策的选择与安排。有鉴于此,本章尝试在现有研究的基础上做一个有益的补充,结合最新发展的面板协整分析方法,对包括我国在内的27个样本进行比较,分别从总体样本和单位样本这两个不同角度,对政府消费与私人消费的关系进行研究;并在此基础上,结合非参数检验等方法,考察政府规模、政府支出中的国防支出比重以及教育支出比重是否为影响两者关系的重要因素。在此研究过程中,最新发展的面板单位根检验和面板协整检验方法的综合运用,不仅有效地克服了宏观数据时间跨度较小的这一局限,增强了本章分析框架的有效性,而且也有效地解决了政府消费与私人消费关系跨国研究中可能存在的截面相关性问题,进而在很大程度上提高了结论分析的可靠性与合理性。

5.2 理论模型

本章是以 Ho(2001a,2001b)的模型作为应用分析的理论框架。

假定 t 时期的实际有效消费 C_t^* 可表示为:

$$C_t^* = C_t + \alpha G_t \tag{5-1}$$

其中 C_t 和 G_t 分别为 t 时期实际的私人消费和政府消费,参数 α 的正(或负)描绘了政府消费与私人消费之间的替代(或互补)的关系。对此需要说明的是,采用式(5-1)的形式对有效消费进行的线性化定义,至今仍是本领域相关研究中运用最广泛的定义之一,其在 Kormandi(1983)、Aschauer(1985)、Graham(1993)、Karras(1994)以及 Evan 和 Karras(1996)等经典研究中均得到了广泛的应用[①],并获得了巨大的成功。

设代表性个人的目标函数为最大化一生效用的预期值,即

$$Max E_0 \left[\sum_{t=0}^{\infty} \delta^t U(C_t^*) \right] \tag{5-2}$$

$$\text{s.t.} \quad A_{t+1} = \left\{ A_t + Y_t - C_t^* - (1-\alpha)G_t \right\}(1+r)$$

其中,效用函数 $U(\cdot)$ 满足通常的凹性和二阶连续可微假定,$U'>0$ 且 $U''<0$,E_t 为基于 t 时期信息的期望算子,δ 为折现因子,A_t 为 t 时期开始个人所拥有的实际金融资产减去政府的实际债务,Y_t 为 t 时期的劳动收入,r 为实际利率。Ho(2001a,2001b)对以上最大化问题一阶必要条件的研究表明,消费者最优消费路径必须满足以下欧拉方程:

$$\frac{U'(C_t^*)}{\delta E_t U'(C_{t+1}^*)} = 1+r \tag{5-3}$$

同时,在各期边际效用变化不大的假设下,Hall(1978)研究表明以下近似等式成立[②]:

$$E_t C_{t+1}^* = [\delta(1+r)]^\sigma C_t^* = \gamma C_t^* \tag{5-4}$$

其中,$\sigma = -U'(C^*) / \{C^* U''(C^*)\}$ 为跨期替代弹性。在此基础上依据 Ho(2001a,2001b)的推导分析,有效消费可进一步表示

---

① 采用式(5-1)的线性形式对有效消费进行定义,在国内的相关研究中也得到了广泛的应用,其中代表性如李广众(2005)等人的研究。
② 具体证明过程请参阅 Hall(1978,pp.974-975)。

为：

$$C_{t+1}^* = E_t C_{t+1}^* + v_t = \gamma C_t^* + v_t \quad (5-5)$$

其中，$v_t \sim i.i.d.$。结合式（5-1），把式（5-5）展开、移项并整理可得，我们可看到，当 C_t 和 G_t 均为一阶差分平稳序列（I(1)过程）时，它们之间可能存在着以（1，α）为协整向量的协整关系，因此，依据 Ho(2001a,2001b) 的推导分析[①]，我们可把两者的长期关系式表述如下：

$$C_t = a_0 - \alpha G_t + v_t \quad (5-6)$$

与此同时，Graham(1993,p.659) 与 Evan 和 Karras(1996,p.260) 等人的研究均表明，当政府消费支出与可支配收入均为消费模型中的相关变量时，忽略其中任何一个变量都可能导致结论产生显著偏差。有鉴于此，Ho(2001a,2001b) 通过引入可支配收入 Y_t^d，而把研究政府与私人消费的长期关系式进一步拓展完善为[②]：

$$C_t = a_0 - \alpha G_t + \beta Y_t^d + v_t \quad (5-7)$$

同时，为了表述上的方便，我们可把协整关系式进一步表述成为：

$$C_t = a_0 + \alpha_1 G_t + \beta Y_t^d + v_t \quad (5-8)$$

其中 $\alpha_1 = -\alpha$。本章将以 Ho(2001a,2001b) 通过模型推导所获得的关系式（5-8）作为经验分析的应用基础，对政府消费与

---

① 具体推导过程及相关细节详见 Ho(2001b,pp.98-99)。
② 实际上，我们可在有效消费定义式（5-1）中引入收入变量，通过类似的推导可获关系式（5-7）。

私人消费之间的关系展开深入研究。

5.3 数据说明

样本中包括中国、中国香港和南非等27个国家和地区的数据(见表5-2),样本的时间跨度为1973—2006年;样本以及样本时间跨度的选择基于统计数据的可获得性。

为了具有可比性,本章所采用的数据中,实际政府消费支出、私人消费支出、可支配收入以及总人口均来自《世界发展指标》(世界银行,2008),各变量均为年度变量,且各人均实际变量为各实际总变量除以总人口获得,并采用对数形式。

表5-2 样本及样本时期的说明

样本名称	样本时期	样本名称	样本时期	样本名称	样本时期	样本名称	样本时期
亚洲		**非洲**		**南美**		**欧洲**	
韩国	1973—2006	加纳	1973—2006	巴拉圭	1973—2006	比利时	1973—2006
马来西亚	1973—2006	加蓬	1973—2006	玻利维亚	1973—2006	芬兰	1973—2006
孟加拉国	1973—2006	肯尼亚	1973—2006	哥伦比亚	1973—2006	匈牙利	1973—2006
泰国	1973—2006	马拉维	1973—2006	秘鲁	1973—2006	意大利	1973—2006
伊朗	1973—2006	南非	1973—2006	智利	1973—2006		
印度	1973—2006	塞内加尔	1973—2006	**北美**			
中国	1973—2006	苏丹	1973—2006	多米尼加	1973—2006		
中国香港	1973—2006	突尼斯	1973—2006	危地马拉	1973—2006		

注:样本以及样本时间跨度的选择基于统计数据的可获得性。

5.4　财政支出与私人消费关系的检验及估计

5.4.1　第一代与第二代面板单位根检验

首先,本章采用第一代面板单位检验方法,即基于截面单位相互独立的基本假定来对面板数据进行单位根检验,检验结果列于表 5-3。然而,近年来的研究却表明,第一代面板单位检验方法在实际应用中可能由于忽略了实际存在的截面相关性,而可能导致结论出现显著偏差(O'Connell,1998;Banerjee et al.,2004)。因此,为了进一步保证结论的稳健性和可靠性,本章还采用最新发展的第二代面板单位根检验方法对变量的单整阶数进行分析,以克服检验过程中可能存在的截面相关性问题,检验结果列于表 5-4。

由表 5-3 和表 5-4 的检验结果我们可知,无论是第一代还是第二代的面板单位根检验,所得结论均完全一致:当我们对各个时间序列的水平值进行检验时,检验结果均表明不能拒绝"存在单位根"的原假设;而当对各个时间序列的一阶差分进行检验时,检验结果则显著地拒绝"存在单位根"的原假设。由此,我们可断定样本中的各个时间序列均为非平稳的 I(1) 过程。

表 5-3　第一代面板单位根检验

检验方法		C	ΔC	G	ΔG	Y^d	ΔY^d
Breitung (2000)	UB	-0.780 [0.218]	-8.085 [0.000]	-0.668 [0.252]	-5.900 [0.000]	-1.058 [0.145]	-8.004 [0.000]
Im、Pesaran 和 Shin(2003)	W_{tbar}	2.142 [0.984]	-13.129 [0.000]	0.743 [0.771]	-13.040 [0.000]	3.445 [1.000]	-9.170 [0.000]
Maddala 和 Wu(1999)	P_{ADF}	46.100 [0.769]	302.664 [0.000]	67.884 [0.097]	301.353 [0.000]	39.782 [0.926]	215.931 [0.000]
Choi (2001)	Z_{ADF}	2.760 [0.997]	-11.635 [0.000]	1.052 [0.854]	-11.897 [0.000]	4.478 [1.000]	-8.622 [0.000]

注：1. 中括号里的值为 P 值。
2. 变量前加"Δ"表示对变量做一阶差分。
3. 检验形式为只带截距项。

表 5-4　第二代面板单位根检验

检验方法		C	ΔC	G	ΔG	Y^d	ΔY^d
Phillps 和 Sul (2003)	P	42.430 [0.826]	205.084 [0.000]	54.358 [0.385]	224.927 [0.000]	25.846 [0.999]	197.747 [0.000]
	$\tilde{P}_m$	0.921 [0.821]	-14.731 [0.000]	-0.227 [0.410]	-16.640 [0.000]	2.517 [0.994]	-14.025 [0.000]
	$\tilde{Z}$	4.943 [1.000]	-9.333 [0.000]	2.946 [0.998]	-10.634 [0.000]	9.971 [1.000]	-9.214 [0.000]
Moon 和 Perron (2004)	t_a^*	0.183 [0.573]	-89.791 [0.000]	0.222 [0.588]	-75.839 [0.000]	0.182 [0.572]	-51.321 [0.000]
	t_b^*	10.728 [1.000]	-21.517 [0.000]	7.932 [1.000]	-20.781 [0.000]	12.442 [1.000]	-14.668 [0.000]
Choi (2006)	P_m	-1.079 [0.860]	20.329 [0.000]	0.033 [0.487]	16.782 [0.000]	-1.914 [0.972]	19.187 [0.000]
	Z	1.795 [0.964]	-11.828 [0.000]	0.521 [0.699]	-10.223 [0.000]	2.893 [0.998]	-11.339 [0.000]
	L^*	1.609 [0.946]	-13.865 [0.000]	0.327 [0.628]	-11.741 [0.000]	2.997 [0.999]	-13.210 [0.000]
Pesaran (2007)	CIPS	-1.788 [>0.100]	-2.809 [<0.010]	-1.995 [>0.100]	-2.570 [<0.010]	-1.557 [>0.100]	-2.518 [<0.010]
	CP	72.623 [>0.100]	153.293 [<0.010]	70.216 [>0.100]	108.607 [<0.050]	75.554 [>0.100]	110.003 [<0.050]
	CZ	-0.247 [>0.100]	-6.224 [<0.010]	-1.326 [>0.100]	-4.588 [<0.010]	0.808 [>0.100]	-4.421 [<0.010]

注:1.中括号里的值为 P 值。
2.变量前加"Δ"表示对变量做一阶差分。
3.检验形式为只带截距项。
4.各个检验均采用"存在单位根"的原假设。
5.Pesaran(2007)的各个检验统计量均为非标准分布,其临界值来源于 Pesaran(2007,p.280)的 Table Ⅱ(b);Phillips 和 Sul(2003)的 P 服从卡方分布,其余检验服从渐进标准正态分布。
6.Phillips 和 Sul(2003)检验中的 ADF 最优滞后阶数根据 top-down 方法选择。
7.Moon 和 Perron(2004)检验中长期方差是基于 Andrews 和 Monahan(1992)估计方法进行计算。
8.Choi(2006)检验是以 DF-GLS 作为潜在(underlying)的单位根检验方法。

5.4.2　面板协整检验

在面板单位根检验的基础上,为了有效地解决传统时间序列协整检验功效较低的问题,本章在面板框架下进行协整检验,考察各个非平稳时间序列之间是否存在着协整关系。为了保证结论的稳健性与可靠性,除了运用 Pedroni(1999,2004)检验方法、Westerlund(2005a)CUSUM 检验方法以及 Westerlund(2005b)非参数检验方法之外,在检验过程中本章还应用了最新发展的 Durbin-Hausman 方法(Westerlund,2008),以在进行面板协整检验的同时克服可能存在的截面相关性问题,检验结果列于表 5-5。

如表 5-5 所示,在各个经过标准化的检验统计量中,CUSUM 检验统计量无法拒绝"存在协整关系"的原假设,而其余检验统计量却在不同的显著性水平下拒绝"不存在协整关系"的原假设,这就充分地表明非平稳时间序列 C_t、G_t 和 Y_t^d 之间存在着协整关系。

表 5-5 面板协整检验

	检验方法	统计检验量	P 值
Pedroni(1999,2004)	Panel v-stat	1.568*	0.058
	Panel ρ-stat	-1.757**	0.039
	Panel pp-stat	-2.846***	0.002
	Panel adf-stat	-1.636*	0.051
	Group ρ-stat	-1.303*	0.096
	Group pp-stat	-3.534***	0.000
	Group adf-stat	-3.486***	0.000
Westerlund(2005a)	CUSUM-DOLS	-0.048	0.519
	CUSUM-FM	0.881	0.189
Westerlund(2005b)	VR_P	-1.562*	0.059
	VR_G	1.816**	0.035
Westerlund(2008)	DH_g	11.308***	0.000

注:1. 各统计量均经过标准化,因此服从渐进标准正态分布。
2. 除了 Panel v-stat、CUSUM-DOLS、CUSUM-FM 以及 DH_g 为右尾检定之外,其余统计检验量均为左尾检定。
3. Westerlund(2005a)的 CUSUM 检验的原假设为"存在协整关系",其余检验统计量的原假设均为"不存在协整关系"。
4. ***、** 及 * 分别表示通过 1%、5% 及 10% 的显著性水平检验。

5.4.3 面板及个体单位的协整估计

在以上面板协整检验的基础上,为了对协整系数进行有效估计,并保证结论的稳健性,在对单位样本进行分析时,本章采用传统的 FMOLS 方法;而对面板协整系数进行估计时,本章分别采用 Pedroni(2000)的组间 FMOLS 方法以及 Pedroni(2001)的组间面板 DOLS 方法,估计结果列于表 5-6。估计结果显示,绝大部分系数估计值高度显著,且 27 个样本的收入弹性系数 β

估计值均落入[0,1]区间,这与理论预期相一致,因此,本章的分析框架是合理的、有效的。

表 5-6　面板及个体单位的协整估计

国家名称	FMOLS			
	α_1 的估计值	t 统计值	β 的估计值	t 统计值
巴拉圭	-0.009	-0.181	0.910***	8.512
比利时	0.102	1.011	0.846***	11.514
玻利维亚	-0.111***	-3.648	0.776***	13.684
多米尼加	0.038	0.600	0.878***	10.383
芬兰	0.281***	3.721	0.745***	12.691
哥伦比亚	-0.080**	-2.061	0.864***	7.819
韩国	-0.010	-0.056	0.886***	6.150
加纳	-0.231***	-3.165	0.757***	7.232
加蓬	0.449**	2.207	0.086	0.332
肯尼亚	0.162*	1.846	0.259	0.742
马拉维	-0.424***	-7.384	0.746***	4.007
马来西亚	0.334***	3.520	0.536***	6.538
孟加拉国	-0.114***	-4.282	0.471***	9.584
秘鲁	-0.030	-0.188	0.963***	4.986
南非	0.526**	2.145	0.178	0.516
塞内加尔	-0.214***	-2.735	0.550***	2.640
苏丹	0.050	0.405	0.498***	2.675
泰国	-0.036	-0.543	0.859***	15.947
突尼斯	0.674***	4.392	0.350**	2.319
危地马拉	0.086*	1.930	0.990***	10.701
匈牙利	0.051	0.561	0.808***	7.336
伊朗	-0.220**	-2.272	0.896***	4.836
意大利	0.124**	2.561	0.980***	24.288
印度	0.099*	1.822	0.607***	9.909

				续表
智利	0.592***	5.201	0.841***	26.223
中国	0.422**	2.329	0.428**	2.280
中国香港	0.733***	4.107	0.362**	2.305
面板协整估计结果				
Panel FMOLS (Pedroni, 2000)	0.120**	2.279	0.669***	41.598
Panel DOLS (Pedroni, 2001)	0.143***	4.637	0.628***	44.058

注：***、**及*分别表示通过1%、5%及10%的显著性水平检验。

在面板协整系数估计中，两种估计方法对替代弹性系数的估计结果十分接近，且高度显著。其中当采用Pedroni(2000)的组间FMOLS方法进行估计时，α_1的系数估计值为0.120，即政府消费与私人消费的替代弹性的估计值为－0.120；而当采用Pedroni(2001)的组间面板DOLS方法进行估计时，α_1的系数估计值为0.143，即替代弹性的估计值为－0.143，且估计结果均通过1%的显著性水平检验。这就说明在我们研究的各个样本及时期内，总体上政府消费与私人消费成互补关系，政府消费支出在一定程度上挤入了私人消费。这与Karras(1994)以及Evan和Karras(1996)的研究所得的结论相一致，而与Ho(2001b)对24个OECD国家的研究结果相反。同时，我们也看到，基于两种不同的估计方法，消费的收入弹性系数的估计值十分接近，分别为0.669与0.628，且均高度显著，这就意味着在决定私人消费水平大小中，个人可支配收入仍是一个重要的影响因素，因此，在对政府与私人消费关系研究中忽略收入变量可能导致结论产生显著偏差,这与 Graham(1993)以及 Evan 和 Karras(1996)的研究结论相一致。

在对各个单位样本的比较中我们发现,政府消费支出与私人消费形成了程度不一的替代(或互补或无关)的关系。其中,马拉维、加纳以及伊朗等国的替代弹性系数均为正(即α_1系数估计值为负),且高度显著,这就意味着这些国家的政府消费与私人消费成替代关系,政府消费支出在一定程度上挤出了私人消费,降低了财政支出的"乘数效用";与此同时,中国、中国香港以及南非等国家和地区的替代弹性系数均为负(即α_1系数估计值为正),且高度显著,这就意味着这些国家的政府消费与私人消费成互补关系;除此以外,我们还发现,巴拉圭、秘鲁以及多米尼加等国的弹性系数与0十分接近,且均不显著,因此,在这些国家里,政府与私人消费成无关关系。其中,本章关于中国的研究结论,与胡书东(2002)、马拴友(2003)、李广众(2005)以及杨子晖(2006)等人的分析结论相一致,我们得出了政府消费支出与居民消费成互补关系这一重要结论,这就为现阶段我国政府通过实施扩张性财政政策来刺激消费、扩大内需提供了理论基础与检验依据。

我国政府消费与居民消费成互补关系,究其原因,是现阶段我国国民经济发展水平仍然较低,基础设施尤其是农村基础设施落后,而与居民消费相配套的公共物品以及公共服务相对缺乏。现有的研究表明,我国不仅物质基础设施方面的公共物品和服务的供给在数量和质量上存在严重不足,而且法律环境、社会治安、行政管理等软的公共物品和服务的供给与社会的需求相比差距更大(胡书东,2002,p.30)。此外,随着社会经济的不断发展,公众对公共服务的需求也在持续不断地增加,因此,在现阶段公共物品与公共服务供给不足的情形下,政府通过消费支出提供了大量与居民消费成互补关系的公共服务,并且提供了具有积极外部效应的公共物品,从而有效地降低了居民消费的外在成本,改善了居民消费的外部环境,进而鼓励并促进了居民的消费增长,从而使得政府消费与居民消费呈现出互补关系。

5.5　影响两者关系因素的非参数相关性检验

对于不同国家的政府消费与私人消费所形成的程度不同的替代(互补或无关)关系,Karras(1994)在对30个样本的研究比较中发现,政府规模是影响两者关系的重要因素,并得出"政府与私人消费的互补程度随着政府规模的增大而减弱"即替代程度与政府规模成正相关关系的结论。这是由于随着政府规模的扩大,政府通过财政支出可能提供越来越多与私人消费成替代关系的公共物品(如学校午餐)(Karras,1994,p.18),因此,政府与私人消费的替代程度与政府规模成正相关关系。然而,Evan和Karras(1996)对54个样本的研究中却发现,Karras(1994)的结论无法获得经验支持,而且Evan和Karras(1996)结合支出结构对54个样本做进一步研究分析却发现,替代程度与政府支出中国防支出的比重成负相关关系。因此,Karras(1994)与Evan和Karras(1996)所陈述的命题如果成立,则意味着随着政府支出特别是非国防支出的扩大,政府在促进消费、带动内需方面的作用将逐渐减弱,而且在达到一定"最优规模"之后,政府在宏观调控领域中"少作为"甚至是"不作为"则显得十分必要。然而,政府规模的不断扩张已成为一种全球趋势(Mueller,2003),而且,我国近年来为促进有效需求而实施的扩张性财政政策,也使得政府消费支出在不断增加,尤其在现阶段我国政府更是实施了包括四万亿支出计划在内的积极财政政策,以期刺激消费、扩大内需。因此,随着我国未来财政支出规模的不断增加,现阶段对Karras(1994)与Evan和Karras(1996)的命题进行重新检验显得十分必要,它关系到我国未来财政政策的选择与安排。有鉴于此,本章结合非参数相关性检验等方法,考察政府规模、政府支出中的国防支出比重以及教育支出比重是否为影响两者关系的重要因素,其中重点研究替代弹性是否与政府规模正相关、是否与国防支出比重负相关,以对Karras(1994)与Evan和Karras(1996)的相关命题是否成立展开深入分析。

与此同时,最近关于私人消费行为的研究有了新的发展,Berben和Brosens(2007)等人的研究表明,政策工具对私人消费的宏观效应依赖于政府债务水平,随着政府债务规模的不断增加,理性个人由于对未来税负增加的预期而减少了现期消费,从而引发挤出效应。因此,对政府债务水平是否为政府与私人消费关系的影响因素进行检验具有重要的意义,它同样关系到我国未来的政策性选择与安排。这是因为随着赤字性财政政策的实施,我国自20世纪90年代特别是1994年以来国债发行量呈现增长趋势,如果Berben和Brosens(2007)等人的研究结论成立,则意味着对于通过大规模发行国债而实施的扩张性政策,我们必须加以审慎对待,政府债务的大规模增加可能最终导致私人消费的减少,从而引发挤出效应,并由此降低政策工具在需求管理中的有效性。有鉴于此,本章对 Karras(1994)与 Evan 和 Karras(1996)的相关命题进行检验的基础上,考察政府债务水平是否为政府与私人消费关系的影响因素,并依据相关的理论预期,重点分析政府债务规模是否与替代弹性成正相关关系①。

在现有的研究文献中,一般采用政府消费支出占 GDP 的比重来衡量政府规模,同时为了具有可比性,本章与 Karras(1994)的研究相一致,按 $\sum_{t} G_{i,t} / \sum_{t} Y_{i,t}$ ②计算出各样本的政府规模。而 Evan 和 Karras(1996)在对 54 个样本的研究分析中,结合支出结构研究分析了替代弹性与政府规模、政府支出中的国防支出比重以及教育支出比重等因素的相关关系,发现替代程度与政府规模、教育支出比重等因素无关,而与国防支出的比重成负相关关系。为了检验其命题是否成立,与 Evan 和 Karras(1996)研究相一致,本章分别计算出历年国防支出以及教育支出占政府消费支出比重的平均值③。此外,与 Berben 和 Brosens(2007)研

---

① 此外,作者也尝试对其他可能存在的影响因素进行分析,然而,由于在本章的研究样本中涉及大量的发展中国家,而许多变量指标在此类国家中均出现大量的"数据缺失",因此,基于宏观数据的可获得性,目前本章只能与现有的研究相类似,重点考察政府规模与国防支出比重对政府消费与私人消费关系的影响,并在此基础上考察政府债务水平对两者关系的影响。

② 其中 $G_{i,t}$ 和 $Y_{i,t}$ 分别表示第 i 个样本按照不变价格计算的 t 时期的政府消费支出与 GDP。

③ 数据均来源于《世界发展指标》(世界银行,2008)以及 BvD 的《EIU 世界各国投资分析库》。

究相一致,本章以历年政府债务占 GDP 比重的平均值作为债务规模的衡量指标。

为了检验替代弹性是否与政府规模、国防支出比重等因素显著相关,本章首先分别画出政府规模、国防支出比重、教育支出比重、政府债务水平与替代弹性的散点关系图,作为检验替代弹性与各因素关系的直观判断和先验分析。由图 5-1 我们直观判断可知,替代弹性与政府规模并不存在显著的正相关关系,由图 5-2 我们可知,替代弹性与国防支出比重并未形成显著的负相关关系,图 5-3 则表明替代弹性与政府教育支出比重并无形成显著的、稳定的正(或负)相关关系,图 5-4 则显示,替代弹性与政府债务水平呈现出某种程度的正相关关系。

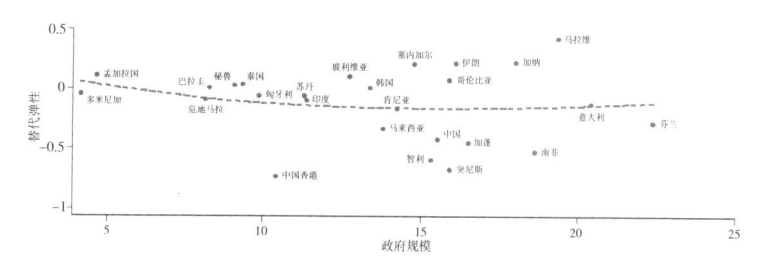

图 5-1 政府规模与替代弹性的散点关系图

注:图中的虚线为拟和线。

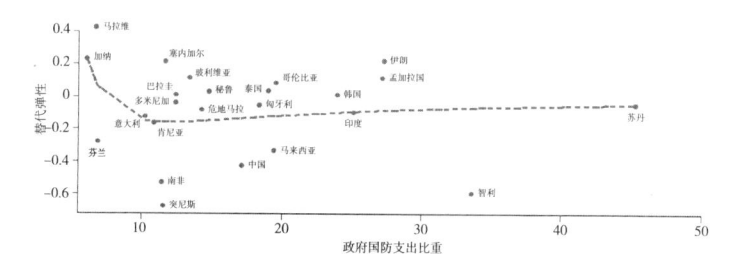

图 5-2 国防支出比重与替代弹性的散点关系图

注:图中的虚线为拟和线。

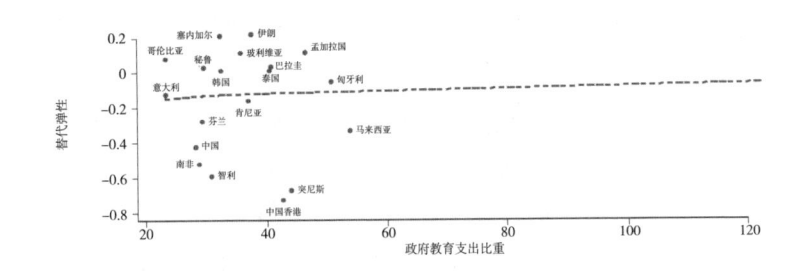

图 5－3　教育支出比重与替代弹性的散点关系图

注：图中的虚线为拟和线。

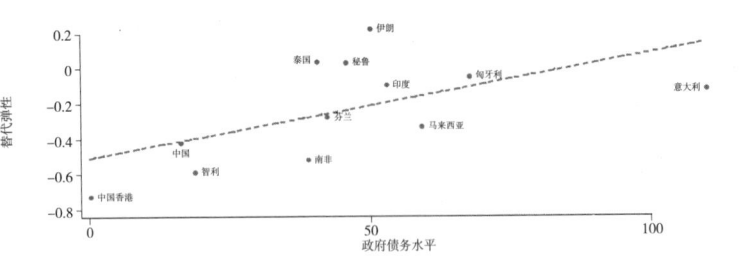

图 5－4　政府债务水平与替代弹性的散点关系图

注：图中的虚线为拟和线。

在以上先验分析的基础上，我们接着采用了 PEARSON、KENDALL 和 SPEARMAN 非参数检验的方法，对替代弹性与政府规模、国防支出比重、教育支出比重以及政府债务水平之间的相关关系进行检验，分析结果列于表 5－7。检验结果表明，替代弹性与政府规模成正相关关系的结论难以成立。首先，替代弹性与政府规模的 PEARSON 相关系数很小，而显著性 P 值却高达 0.514，因此，从统计学意义上，替代弹性与政府规模并不存在显著的线性相关关系；而 KENDALL 和 SPEARMAN 相关系数同样也都较小，且均不显著（P 值分别高达 0.597 和 0.535），从而表明替代弹性与政府规模不具显著相关性,这就意味着Karras(1994)有关"政府与私人消费的互补程度随着政府规模的增大而减弱"的命题并不成立。同样,在对替代弹性与国防支出比重的非参数相关性检验中,无论是线性相关还是等级相关,各相关系数均很小,且都不显著。因此,替代弹性与国防支出比重并不具有显著的负相关关系,Evan和Karras(1996)有关"替代程度与国防支出比重成负相关关系"命题在检验中同样不能获得经验支持。类似地,在有关替代弹性与教育支出比重的相关性分析中,检验结果同样表明,替代弹性与教育支出比重不存在显著的相关关系。

与此同时,在对替代弹性与政府债务水平的相关性分析中,PEARSON、KENDALL和SPEARMAN相关系数均为正,且分别通过5%或10%的显著性水平检验,因此,我们可初步断定替代弹性与政府债务水平成正相关关系。

表5-7 非参数相关性检验

	政府规模	国防支出比重	教育支出比重	政府债务水平
PEARSON 相关系数	-0.134 [0.514]	-0.091 [0.673]	-0.069 [0.779]	0.575** [0.050]
KENDALL 相关系数	-0.077 [0.597]	0.022 [0.901]	-0.018 [0.944]	0.573* [0.051]
SPEARMAN 秩相关系数	-0.128 [0.535]	-0.002 [0.994]	-0.009 [0.972]	0.394* [0.087]

注:1.中括号里的值为P值。
2. ** 与 * 分别表示通过5%与10%的显著性水平检验。

在以上非参数检验的基础上,为了进一步对替代弹性与各待检验变量之间的关系进行检验,我们对各个样本的替代弹性与各个待检验变量进行 OLS 回归分析,分析结果列于表 5－8 中模型 Ⅰ—Ⅳ。由表中的回归结果我们可知,在各个检验模型中,政府规模、国防支出比重以及教育支出比重变量的估计系数均不具有统计意义上的显著性。因此,政府规模、国防支出比重以及教育支出比重均不能作为替代弹性变动的解释变量,这就充分地表明了替代弹性与政府规模并没有存在显著的正相关关系,而替代弹性与国防支出比重也没有存在显著的负相关关系。此外,替代弹性与教育支出比重也都不具有显著相关关系。与此同时,回归分析的结果却显示,在各检验模型中,政府债务水平的估计系数均为正,且均通过 5% 或 10% 的显著性水平检验,因此,政府债务水平与替代弹性成显著的正相关关系。此外,为了进一步保证结论的可靠性与合理性,本章对政府债务水平变量可能存在的内生性问题进行处理。为了克服可能存在的内生性问题,与现有的研究相一致,我们采用两阶段最小二乘估计方法(2SLS)展开进一步的回归分析,并把分析结果列于表 5－8 中模型 Ⅵ—Ⅶ。由表中的估计结果我们可知,基于 2SLS 的分析结论依然保持不变,即在各个检验模型中,政府规模、国防支出比重以及教育支出比重变量的估计系数均不具有统计意义上的显著性,而政府债务水平变量的估计系数依然显著为正,因此,政府债务水平与替代弹性依然保持着显著的正相关关系[①]。由此可见,基于回归分析所得出的

[①] 2SLS 对其余检验模型的分析结论依然保持不变,为了节省篇幅,在这里并没有报道出其余各种检验模型的分析结果,有兴趣的读者可向作者索取。由此也看出,基于回归分析所得出的结论是稳健的、可靠的。

结论是稳健的。与此同时,回归分析的结果与前面所进行的先验分析以及非参数检验的分析结果相吻合,也与现有的理论预期相一致。因此,在以上的非参数检验和回归分析的基础上我们可认为,在本章研究的样本和样本时期内,Karras(1994)有关"政府与私人消费的互补程度随着政府规模的增大而减弱"以及Evan和Karras(1996)有关"替代程度与国防支出的比重成负相关关系"的命题并不成立,这与Kwan(2005)对亚洲9个国家的研究结论相一致,这同时也表明政府规模与国防支出比重等并非影响政府与私人消费关系的决定性因素。

Karras(1994)与Evan和Karras(1996)的相关命题在本章以及其他相关研究中(如Kwan,2005)无法获得经验支持。究其原因,首先,国防作为一种公共品的地位固然重要,但与私人消费行为并无直接关系,与经济宏观调控的关系也不大,因此,国防支出对政府与私人消费关系的影响并不显著。再者,在特定经济条件下影响政府消费与私人消费关系的因素十分复杂,我们不应该简单地将其归因于政府规模这一特定因素。实际上,政府消费与私人消费所形成的替代(或互补或无关)关系,不仅取决于政府支出规模,同时还取决于政府支出结构以及为弥补财政支出所采取的融资方式等因素。因此,现阶段只要我国政府在增大财政支出的同时,合理地把握国债融资的适当规模,并通过实施结构性减税、扩大财政补贴规模等方式进一步提高城乡居民收入,那么随着政府支出规模的不断增加,政府消费与私人消费的替代关系将不会由此进一步凸现,而政府在宏观调控中促进消费、带动内需方面的作用也将不会由此呈现减弱态势。

表 5-8 替代弹性与各待检验因素的回归分析

解释变量	模型 I	模型 II	模型 III	模型 IV	模型 V *	模型 VI *
截距项	0.189 (0.169)	-0.030 (0.484)	0.007 (0.425)	-0.220 (0.223)	0.160 (0.467)	-0.175 (0.289)
政府规模	-0.014 (0.010)	-0.027 (0.017)	-0.029 (0.018)	-0.023 (0.013)	-0.043 (0.024)	-0.032 (0.017)
国防支出比重	-0.005 (0.007)	0.000 (0.015)				
教育支出比重	0.002 (0.003)		-0.004 (0.007)		-0.007 (0.007)	
政府债务水平		0.005** (0.002)	0.007* (0.003)	0.007** (0.002)	0.010* (0.004)	0.008* (0.003)
R^2	0.059	0.403	0.436	0.452	0.189	0.383

注：1. 括号里的值为 White 异方差校正后的标准差。
2. ** 与 * 分别表示通过 5% 与 10% 的显著性水平检验。
3. 为了克服政府债务变量可能存在的内生性问题，以进一步保证结论的可靠性与合理性，我们采用 2SLS 展开进一步的回归分析，在回归分析过程中我们以政府消费支出与私人消费支出为基本工具变量，并进行自由度调整以报告小样本检验统计量，分析结果列于模型 VI—VII。由估计结果我们可知基于 2SLS 的分析结论依然保持不变，因此，回归分析所得出的结论是稳健的。

5.6 本章小结

自 20 世纪 90 年代中后期以来，我国经济在转轨过程中呈现出以内需不足为主要特征的基本态势，居民消费率更是呈现逐年下降的局面，消费增长相对滞后、内需不足已成为现阶段我国宏观经济面临的亟需解决的重要问题。进入2008年年末,面对国际金融危机的冲击,我国政府审时度势地实施了旨在促进消费、扩大内需的积极财政政策,并出台了包括四万亿支出计划在内的一揽子政策措施,以期促进经济平稳较快发展。在此背景下,对政府消费支出与私人消费的关系问题展开深入研究显然具有重要的学术价值与现实意义,它不仅有助于我们正确地评价财政政策在需求管理中的宏观效应,也为政府对未来宏观政策的选择与安排提供重要的参考依据。有鉴于此,本章结合最新发展的面板单位根检验与面板协整检验等方法,包括中国在内的27个国家和地区进行跨国比较,分别从总体样本和单位样本的角度,对政府消费与私人消费的关系展开深入研究,并在此基础上,对影响两者关系的相关因素展开深入分析。在此研究过程中,最新发展的面板单位根检验和面板协整检验等方法的综合运用,不仅增强了本章分析框架的有效性,而且也在很大程度上提高了结论分析的可靠性与合理性。

研究结果表明,在本章研究的样本及时期内,总体上政府消费支出与私人消费成互补关系;而在对单位样本的比较分析中,我们发现各国政府消费支出与私人消费形成了程度不一的替代(或互补或无关)的关系。其中,关于中国样本的研究,我们得出了政府消费与私人消费成互补关系的重要结论,这就为现阶段我国政府通过实施扩张性财政政策来刺激消费、扩大内需提供了理论基础与检验依据。

在以上对政府消费与私人消费关系进行研究的基础上,本章对影响两者关系的相关因素展开深入分析,尤其是对Karras

（1994）提出的有关"政府与私人消费的互补程度随着政府规模的增大而减弱"这一命题展开深入研究。这是因为Karras（1994）等人所陈述的命题如果成立，则意味着随着政府规模的扩大，政府在促进消费、带动内需方面的作用将逐渐减弱，而且在达到一定"最优规模"之后，政府在宏观调控领域里"少作为"甚至"不作为"则显得十分必要。因此，随着我国积极财政政策的实施以及未来财政支出规模的不断增加，现阶段对Karras（1994）等人的相关命题进行重新检验显得十分必要，它关系到我国未来财政政策的选择与安排。正因如此，本章结合非参数相关性检验等方法，考察政府规模、国防支出比重以及政府债务水平等是否为影响两者关系的重要因素。检验结果表明，替代弹性与政府债务水平成正相关关系，而与政府规模以及国防支出比重等其他因素并无形成显著的相关关系。这就充分地表明，政府规模与国防支出比重等并非影响政府与私人消费关系的决定性因素。这同时也意味着政府消费与私人消费所形成的特定的替代（互补或无关）关系，不仅仅取决于政府支出规模等某些特定因素，同时也取决于为弥补财政支出而采取的融资方式等因素。因此，现阶段只要我国政府在增大财政支出的同时，合理地把握好国债融资的适当规模，并通过实施结构性减税、扩大财政补贴规模等方式进一步提高城乡居民的收入，那么随着政府支出规模的不断增加，政府消费与私人消费的替代关系将不会由此而进一步凸现，而政府在宏观调控中促进消费、带动内需方面的作用也将不会由此而呈现减弱态势。

第6章 政府融资对私人投资挤出效应的研究

6.1 引言

改革开放以来,我国政府在不同的经济条件下,采取了或松或紧的财政政策与货币政策,对宏观经济进行了有效的调控,取得了显著的成效。

2005年,为抑止局部过热的投资,中国政府在实行稳健货币政策的同时,宣布将通过适当减少财政赤字,适当减少长期建设国债发行规模来实行松紧适度的稳健财政政策。"双稳健"的财政和货币政策搭配,是否能够在给投资局部降温的同时依然保持私人投资的健康增长以实现经济的稳定发展,已成为我们关注的问题。对此,本章从实证的角度分析1980—2003年我国财政支出、国债、货币供给与私人投资的关系,以期正确评价"双稳健"政策的预期效应。

关于政府支出对投资的效应,长期以来存在着两种不同的观点。传统的观点认为,政府支出挤出(crowd out)了私人投资,而非传统的观点则认为政府支出挤入(crowd in)了私人投资。以上两种不同观点的背后,各有着大量的实证支持。如 Fisher(1993)用跨地区截面数据时间序列回归方法发现政府的预算盈余与投资存在着正相关关系。Aschauer(1989)的研究表明美国公共投资在总体上挤入了私人投资。Bairam 和 Ward(1993)研究了 25 个经济合作与发展组织(OECD)国家,发现其中有 24 个国家的政府支出对投资有着负效应的影响,而 Levine 和 Renelt(1992)用跨地区回归方法研究政府消费支出对投资的影响,发现两者之间并不存在显著关系。

除了不同的实证支持,"挤出"和"挤入"这两种观点也有着相应的理论基础,其中最具代表性的是"希克斯-汉森模型"(又称 IS-LM 模型)。它通过分析商品市场和货币市场的一般均衡,描述了政府支出的不同效应:当经济陷入"流动性陷阱"区域,LM 曲线处于或接近水平状态,货币需求对利率非常敏感,这时政府的扩张性支出不会引起利率的上升而挤出私人投资,从而政府支出有着完全的乘数效应;当经济进入了古典区域,LM 曲线处于或接近垂直状态,货币需求的利率弹性非常之低,政府的支出导致了利率的上升,利率的上升挤出了同等规模的私人投资,从而政府支出有着完全的挤出效应;当经济处于古典区域与流动性陷阱区域之间,政府的支出产生了部分的挤出效应。此外,IS-LM 模型也说明了宏观货币政策与财政政策协调的重要性,强调政府可通过增加货币供给来降低利率,刺激经济发展。

由上面的分析可知,IS-LM 模型的发生机制是通过利率这个中间媒介传导的,即财政支出的扩大可能提高了利率从而产生挤出效应,对此,国外的相关文献有了大量的研究,结论也不尽相同,如 Plosser(1987)早期的研究发现,预算赤字与利率不存在显著的相关性,而 Knot 和 de Haan(1995)对 5 个欧洲国家的预算赤字和公共债务与利率关系的研究中,发现赤字导致了利率的上升,且 Knot 和 de Haan(1999)对德国的财政赤字与长期利率的关系研究表明,赤字与利率之间存在着正相关的关系,此外,Correia-Nunes 和 Stemitsiotis(1995)对 10 个 OECD 国家的跨国研究也发现,赤字对名义长期利率和真实长期利率均有着显著的正影响。然而通过利率引发挤出效应的这一传导机制在我国却未必成立,这是因为我国的利率尚未市场化,它是由央行控制的官方变量,也就是说货币市场和商品市场的变化并不一定导致利率的变动,这一点也得到了实证支持:如曾令华(2000)研究表明我国实际利率的变动并非由政府支出的扩张引起的;刘溶沧和马拴友(2001)通过研究利率与财政赤字的线性回归关系,发现我国预算赤字与利率并无显著关系。因此,把 IS-LM 理论模型作为检验我国财政支出挤出效应的理论基础,并不十分妥当。

  然而,近年来,经济学界新的发展又为我们研究中国财政支出效应提供了新的启发。Aschauer(1989)从新的角度提出了自己的观点,他认为当公共支出作为生产要素投入,且当它与私人资本互补时,公共投资将对私人投资产生挤入效应,这时私人资本的边际生产率随着公共投入的增加而上升,因此,公共投资促进了私人投资。同时 Barro 和 Sala-i-Martin(1995)认为,公共消费与私人消费可成为替代品。这样,当公共消费增加时,私人消费将减少,并使得私人储蓄增加进而挤入了投资。Karras(1994)则进一步补充认为,公共消费与私人消费同样可成为互补品。此后,De Long 和 Summers(1992)、Erenburg(1993)、Easterly 和 Rebelo(1993)、Erenburg 和 Wohar(1995)及 Argimón 等人(1997)等实证研究支持了以上观点。

结合政府的融资方式考察财政支出的效应,是该领域研究的另外一个分析角度。Barro(1990)研究税收融资下的政府支出效应,发现高的收入税收减少了税后的投资利润,进而降低了私人投资。Sutherland(1997)从理论上阐述,当政府发行规模适度的财政债务,政府支出将产生乘数效应,而当政府进行过度的债务融资,政府支出将产生挤出效应。这一理论观点在 Elder(1999)的研究中得到了验证,他对德国等四国的比较分析中发现,当德国过度地发行债务而使其变得难以持续时,政府支出挤出了私人投资。此外,Ahmed 和 Miller(2000)比较了债务融资和税收融资这两种不同融资方式下政府的支出效应,发现税收融资下的政府支出对私人投资有着更大的挤出效应。

在国内的相关研究中,曾令华(2000)从实际利率及借贷资金需求等角度分析财政政策是否产生挤出效用;袁东和王晓锐(2000)的研究则表明我国 20 世纪 80 年代的国债发行在短缺型经济条件下产生了挤出效应;刘溶沧和马拴友(2001)实证分析了赤字、国债与利率、私人投资和经济增长的关系,发现我国财政赤字和财政投资并没有明显的挤出私人投资;马拴友(2003)的实证研究表明,电力、交通等基础设施和产业的发展挤入了私人投资;而庄子银和邹薇(2003)的研究则发现,政府的公共支出与私人投资具有较强的互补效应。其他代表性的研究还包括张海星(2001)、戴国晨(2003)、董秀良和郝淑媛(2005)等。但现有大多数的研究主要关注的是财政支出的总量影响,很少结合不同的支出类别及不同的融资方式进行研究,因此,本章尝试着在现有研究的基础上做一个有益的补充,研究并比较不同类别的财政支出和融资方式对私人投资的影响,同时结合中国的实际,在模型中首次考虑了税外费用融资的影响。这是因为,在中国私人的税外负担较为严重,同时,税外收入也成为政府财政收入的一个重要的来源。此外,本章在模型中引入了加权的货币供应量,以此作为描述政府可能存在着赤字货币融资行为的有益补充。现有的研究显示,迄今为止中国政府进行了"直接"和"隐性"的赤字性货币融资,因此,我们在考虑政府进行税收融资及债务融资的同时,还考虑了政府进行的赤字货币融资的行为。再者,本章在消费者效用函数中,考虑了增发货币可能对公众产生的影响,如"货币幻觉"。最后,本章在考察总体样本的基础上,分不同年份进行对比研究,以考察不同经济条件下国债融资产生的挤出或挤入效应。

6.2 理论模型的拓展

本章是以 Aschauer(1989)和 Argimón 等人(1997)的模型为基础。

与戴蒙德模型(Diamond,1965)一样,假设经济社会是世代交叠的并由无数个理性、同质的个人组成,为了进一步简化分析,假定每个人仅仅生存两期,即年轻、年老。

代表性个人在年轻时(t时期)的消费约束为:

$$C_t = w_t - tx_t - \omega * ntax_t - s_t \qquad (6-1)$$

代表性个人在年老时($t+1$时期)的消费约束为:

$$C_{t+1} = s_t(1+r_{t+1}) \qquad (6-2)$$

其中,C_t分别表示C_{t+1}时期的人均消费,w_t、s_t、$ntax_t$分别为(t时期)平均每人的工资水平、储蓄、个人所交税收及各种税外收费,r_{t+1}表示$t+1$时期的利率水平,$\omega(0 \leq \omega \leq 1)$表示个人所交的税外费用占政府税外收入的比重。①

假设代表性个人的效用函数为:

$$U = a(e_1, e_2, \cdots, e_i, m_1)(1 - \sum_{j=1}^{i} \delta_j) \ln C_t + \sum_{j=1}^{i} \delta_j \ln e_{jt} + \frac{1}{1+\rho}\left[\left(1 - \sum_{j=1}^{i} \delta_j\right) \ln C_{t+1} + \sum_{j=1}^{i} \delta_j \ln e_{jt+1}\right]$$

$$(6-3)$$

当$m_1, e_j \geq 0 (j=1,2,\cdots,i)$时,$a>0$;且$\frac{\partial a}{\partial e_j} < 0 \ (>0)$,$j=1,2,\cdots,i$;$\frac{\partial a}{\partial m_1} \geq 0$,

其中,$e_j(j=1,2,\cdots,i)$、m_1分别为人均的政府的各项经常性支出及货币发行量。δ_j表示私人的相对偏好,函数 α 描述了私人

---

① 做这样假设一方面是因为中国政府的税外收入规模庞大,私人的税外负担较为严重;另一方面则是政府的税外收入并非全部来自个人,除了向个人征收的各种行政性收费和事业性收费外,还包括捐赠收入等。

消费 C 与政府支出 e_j 之间互补或替代的关系：当 C 与 e_j 之间为替代（互补或无关）关系时，$\frac{\partial a}{\partial e_j} < 0$（$\geq 0$）；$\frac{\partial a}{\partial m_1}$ 描述了公众是否产生"货币幻觉"，当政府增大货币发行量，个人名义收入提高，在短期因"货币幻觉"而增加当期消费，$\frac{\partial a}{\partial m_1} > 0$，在长期，因个人的理性调整，"货币幻觉"消失，$\frac{\partial a}{\partial m_1} \leq 0$。

以约束条件(6-1)、(6-2)最大化效用函数(6-3)，得：

$$s_t = \sigma(w_t - tx_t - \omega * ntax_t) \qquad (6-4)$$

其中，$\sigma = \dfrac{1}{1 + a(1+\rho)}$（$>0$）

为了简单起见，与 Argimón 等人（1997）一样，本章假定公共资本和私人资本在使用一期后完全折旧（fully depreciate）。对此假设需要说明的是，由于在两期叠代模型中的行为人只能生存两期，每期的时间跨度可以被假设为 30 年。在每年资本折旧率为 13.3%（Aschauer，1989）的情况下，数量为 100 的资本经过 30 年的折旧仅剩 1.59。因此，假设资本在一期内完全折旧是可信的。[①] 在每期资本完全折旧的假定下，进入生产函数的元素为当期投资量，即生产函数为：

$$y_t = f(i_{pt}, i_{gt}) = i_{pt}^\alpha i_{gt}^\beta, \ \alpha, \beta > 0 \ \text{且} \ \alpha + \beta < 1$$

其中 y_t、i_{pt} 和 i_{gt} 分别表示 t 时期的人均产出、私人投资量和公共投资量。

[①] 关于两期叠代模型中"完全折旧"及相关生产函数的设定，有兴趣的读者同样可参阅 Argimón 等人（1997，p.1003）或袁志刚和宋铮（2000）。

要素市场的竞争意味着：

$$w_t = [1-(\alpha+\beta)] * i_{pt}^{\alpha} i_{gt}^{\beta} \; ; \; r_t = \alpha * i_{pt}^{\alpha-1} i_{gt}^{\beta} \tag{6-5}$$

由于政府向公众发债融资，改变了公众手中的资产组合结构，t 时期个人的一部分储蓄采取债券形式而非资本形式，将式 (6-5) 代入式 (6-4)，$t+1$ 时期私人可获得的投资额为：

$$i_{pt+1} = s_t - \pi_t * debt_t = \sigma[1-(\alpha+\beta)] * i_{pt}^{\alpha} i_{gt}^{\beta} - \sigma * (tax_t + \omega * ntax_t) - \pi_t * debt_t \tag{6-6}$$

其中系数 π_t ($0 \le \pi_t \le 1$) 表示公众持有的国债比重。

我国政府的财政预算约束为：

$$\varphi_t * m_{1t} + \phi_t * debt_t + tax_t + ntax_t = i_{gt} + \sum_{j=1}^{i} e_{jt} \tag{6-7}$$

其中 $debt_t$、$ntax_t$ 分别表示 t 时期人均的政府财政债券发行量以及税外收入。我国在 1995 年之前中央财政向央行的直接透支，虽然 1995 年实施的《人民银行法》要求中央财政赤字不得再向中央银行透支，但对此的相关研究却表明，1995 年后我国存在着"财政向央行隐性透支"的行为(周小川，2003)[1]，甚至在王国松(2004，p.58)[2]的研究中得出"存在较为严重的财政赤字货币化"的结论。因此，在本章模型中，通过引进权重系数 φ_t ($0 \le \varphi_t \le 1$) 来表示财政赤字货币化程度，φ_t 越小，赤字货币化程度越低，当 $\varphi_t = 0$，则表示政府不存在财政赤字货币融资的行为，

---

[1] 详见周小川(2003)在"金融体系改革：以史为鉴，面向未来"国际研讨会上发表的专题演讲《中国金融改革两点关注：养老金体制和机构成长》。

[2] 详见王国松 2004 年《财政稳定与金融脆弱性：理论与中国的实证研究》(载《管理世界》)一文。

以此来假定政府可能存在的赤字货币融资行为。另外,系数 ϕ_t ($0 \leq \phi_t \leq 1$)表示财政债务融资用于财政支出的比重。

当私人投资保持稳定状态,即 $i_{pt+1} = i_{pt}$,经济达到了均衡状态,下标 t 可消去,由式(6-6)和式(6-7)整理可得:

$$i_p^* = \frac{\sigma * \left[i_g + \sum_{j=1}^{i} e_j - \varphi * m_1 - (1-\omega)ntax \right] + (\pi - \sigma\phi)debt}{\sigma\left[1-(\alpha+\beta)\right] * i_p^{*\alpha-1} i_g^{\beta} - 1} \quad (6-8)$$

其中,条件 $\alpha < \sigma\alpha\left[1-(\alpha+\beta)\right] * i_p^{*\alpha-1} i_g^{\beta} < 1$,确保了均衡状态时的私人投资水平为正。

6.3 货币发行等融资方式对私人投资挤出效应的模型分析

下面将结合式(6-8),对财政支出、国债、货币供给与私人投资之间存在的关系做进一步的具体分析,并阐述其隐含的经济含义。

首先,我们对公共投资与私人投资的关系进行分析,把式(6-8)对公共投资 i_g 求导,整理可得:

$$\frac{\partial i_p^*}{\partial i_g} = -\frac{\sigma}{1-\sigma\alpha\left[1-(\alpha+\beta)\right] * i_p^{*\alpha-1} i_g^{\beta}} + \frac{\sigma\frac{(1-\alpha-\beta)}{\alpha} i_p^* \frac{\partial f_{i_p}'}{\partial i_g}}{1-\sigma\alpha\left[1-(\alpha+\beta)\right] * i_p^{*\alpha-1} i_g^{\beta}} \lessgtr 0 \quad (6-9)$$

由式(6-9)可知,公共投资 i_g 对私人投资 i_p^* 的影响包括两方面:一方面,政府因公共投资支出而对私人征收税费,减少了私人的可用资金而对私人投资产生挤出效应(见等号右边的第一项);另一方面,如果公共投资提高了私人投资的运作效率($\frac{\partial f'_{i_c}}{\partial i_g} > 0$),公共投资将对私人投资产生挤入效应。因此,如果原来的私人投资量偏离了最优水平(产出最大化水平),则公共投资的增加所产生的挤入效应将可能超过因增收税费所引起的挤出效应,进而使得公共投资的总体效应为正。

把式(6-8)对政府的各项经常性支出e_j求导,整理可得:

$$\frac{\partial i_p^*}{\partial e_j} = -\frac{\sigma - \frac{\partial \sigma}{\partial e_j} \cdot \frac{(i_p^* + \pi * debt)}{\sigma}}{1 - \sigma\alpha[1-(\alpha+\beta)] * i_p^{*\alpha-1} i_g^\beta} \leq 0, \quad j=1,2,\cdots,i \quad (6-10)$$

由式(6-10)可知,政府经常性支出e_j对私人投资i_p^*的效用取决以下两方面:一方面,政府因经常性支出e_j而征收的税费对私人投资产生挤出效应;另一方面则取决于经常性支出与私人消费之间的关系,即取决于$\frac{\partial \sigma}{\partial e_j}$的符号:当政府通过经常性支出$e_j$提供的公共产品与个人消费$C$成互补或无关($\frac{\partial \sigma}{\partial e_j} \leq 0$)关系时,政府支出$e_j$促进个人消费而减少私人储蓄(资金储量),从而对私人投资i_p^*产生挤出效应;当e_j与个人消费成替代关系($\frac{\partial \sigma}{\partial e_j} > 0$)时,$e_j$可能对私人投资的产生挤入效应。

同样,把式(6-8)对发行的国债$debt$求导,整理可得:

$$\frac{\partial i_p^*}{\partial debt} = \frac{\sigma\phi - \pi}{1 - \sigma\alpha[1-(\alpha+\beta)] * i_p^{*\alpha-1} i_g^\beta} \leq 0 \quad (6-11)$$

根据新古典学派等经济理论,国债融资可因减少民间的资金供给和提高资本利率这两种机制挤出私人投资,如前文所述,在我国由于利率尚未市场化,且在某些时期投资的利率弹性较低①,国债的发行主要是改变了公众手中的资产组合结构,因此,国债融资是否存在挤出效应主要取决于国债融资是否引起政府与公众对资金需要的竞争、是否减少对私人投资的资金供给。由式(6-11)可知,政府的债务融资虽然减少了对私人税费的征收,间接增加了投资的资金储量(私人储蓄),挤入了私人投资。与此同时,政府债务融资更直接地表现为挤占私人投资的可用资金,π越大,政府挤出的私人投资就越多。

而在对货币发行与私人投资的关系分析中,类似可得:

$$\frac{\partial i_p^*}{\partial m_1} = \frac{\sigma\varphi + \frac{\partial \sigma}{\partial m_1}\frac{(i_p^* + \pi * debt)}{\sigma}}{1 - \sigma\alpha\left[1-(\alpha+\beta)\right]*i_p^{*\alpha-1}i_g^\beta} > 0(长期) \qquad (6-12)$$

由上式可知,货币发行对私人投资的效用取决于两方面,首先,由上式右边分子的第一项我们可知,政府通过发行货币弥补财政赤字,这就部分地减少了对私人税费的征收,有利于促进私人投资。其次,由于短期公众"货币幻觉"的存在($\frac{\partial \sigma}{\partial m_1} < 0$),当政府加大货币发行量,将使私人消费增加而资金储量减少,从而挤出了私人投资;而在长期,由于个人理性调节,"货币幻觉"消失($\frac{\partial \sigma}{\partial m_1} = 0$)。因此,从长期看,适度的货币发行将有助于促进私人投资。

这样,通过以上求导对财政支出、国债、货币发行与私人投资之间的关系的分析,与 Argimón 等人(1997)一样,我们可用式

---

① 1996年5月—1999年6月,央行连续7次降息,以期拉大投资、刺激经济发展,但没有收到预期效果,这说明至少在这段时期,私人资本对利率并不敏感。

(6-8)的泰勒级数一阶线性近似式①来研究政府支出和融资对私人投资的影响:

$$i_{pt}^* = a + a_g i_{gt} + a_{e_1} e_{1t} + a_{e_2} e_{2t} + \cdots + a_{e_i} e_{it} + a_n ntax_t + a_d debt_t + a_m m_{1t} + \varepsilon_t$$

(Ⅰ)

其中 i_{pt}^*、i_{gt}、$e_{jt}(j=1,2,\cdots,i)$、$ntax_1$、$debt_1$ 和 m_{1t} 分别表示 t 时期私人投资、政府的公共投资、政府的各项经常性支出、政府的税外收入、国债发行量和货币发行量,ε_t 为误差扰动项。由以上的关系分析我们可知,当公共投资的增加提高了私人投资的边际产出时,a_g 的符号应为正,而当公共投资没能有效地提高私人投资的产出效率时,a_g 的符号应为负;当政府的各种经常性支出 e_j 与私人消费为互补(替代)关系时,a_j 的符号应为负(正);税外费用($ntax$)的征收减少了私人投资可用的资金来源,a_n 符号应为负;国债融资($debt$)一方面减少了对私人税费的征收,间接地增加了私人投资的资金储量,"挤入"了私人投资,另一方面直接地挤占了私人可用资本,产生挤出效应,因此,a_d 的符号取决于这两种不同效应的大小;在长期由于货币幻觉的消失,货币发行(m_1)将部分地减少对私人税费的征收。另外,财政支出在刺激总需求、促进投资时,最终都体现为货币购买力的增加上,货币的适度增加也有利于促进投资,因此,a_m 应为正。

---

① 令 $i_{pt} = f(X_t)$,$\frac{\partial i_p^*}{\partial i_g} = a_g$,$\frac{\partial i_p^*}{\partial e_j} = a_{e_j}$,$\cdots$,$\frac{\partial i_p^*}{\partial m_1} = a_m$,$i_{pt}^* = f(X_t)$,然后按照泰勒级数一阶线性近似的公式:$f(X_t) \approx f(X) + \sum_i f_i(X)(x_{it} - x_i)$,代入整理可得式(Ⅰ)。

6.4 货币发行等融资方式对私人投资挤出效应的实证分析

6.4.1 数据说明

Aschauer(1989,p.185)指出,"在考察财政支出效应时,仅仅考虑总的支出水平是不够的,更重要的是进行分类区分"。Barro(1990)在研究政府支出、投资及经济增长的关系时,将政府支出分为非生产性服务支出和生产性服务支出两类,他的研究表明,政府的非生产性支出挤出了产出,而生产性的支出则挤入了产出。这样,当政府非生产性支出对投资所带来的负效应大于(或小于)生产性支出的正效应时,政府总支出将在总体上呈现出"挤出(或挤入)效应"。由此可见,政府总支出这个宏观指标已经不能全面深入的揭示出政府各项支出的实际效应,而需把政府支出分类研究,这将为我们理解政府支出与投资的关系提供更加重要的信息。因此,依据实际收集所得的数据以及研究的需要,我们把政府支出细分为以下 5 类:经济建设支出 i_g、社会文教费 e_{se}、国防费 e_{nd}、行政管理费 e_{ga} 及包括企业补贴在内的其他支出 e_{other}。

本章研究的样本区间为 1980—2003 年,经验分析中所采取的变量均为人均实际变量,各实际变量均由名义变量经商品零售价格指数(1978 = 100)调整获得。数据来源与数据调整说明如下：

（1）在目前正式公布的统计资料中，由于暂无私人投资的官方数据，因此在实证研究中，与刘溶沧和马拴友（2001）以及廖楚晖和刘鹏（2005）等人的研究相类似，我们把全社会固定资产投资减去预算内投资后的民间投资作为私人投资的代理变量。

（2）1990年之前的货币供应量 m_1 数据来自汪红驹（2003）著《中国货币政策有效性研究》，1990年及之后的数据来自《中国统计年鉴2004》。

（3）由于在分项目的财政收入中，企业亏损补贴作为是负收入列入，因此我们把收入中的企业亏损补贴这一项剔除并作为财政支出列出，从而获得了调整后的财政收入，同时我们把调整后的财政收入减去政府的各项税收收入，获得财政的税外收入。需要说明的是，尽管预算外的税外收入也是政府收入的一个重要来源，但本章所考察的财政支出与财政收入均在预算内的框架里进行，因此，与其相对应，在保持财政预算约束式（6-7）平衡的同时，本章所考察的也将是预算内的税外收入对私人投资的影响。同时，我们也看到，即使是预算内的税外收入，在1980—1984年间也占了预算内财政总收入的40%—50%，因此，考察预算内税外收入的宏观影响仍不失其重要的现实意义。

（4）其他支出项 e_{other} 在原官方数据公布的基础上了，包括了企业亏损补贴。

（5）在有关国债变量的选择上，张海星（2001）等人在实证考察中选择了国债总额这个指标,而刘溶沧和马拴友(2001)则分国债总额和赤字国债进行分析,并发现这两种口径对回归结论并无偏差性影响。与其相类似,为了保证结论的稳健性,本章与刘溶沧和马拴友(2001)一样,也分两种情形进行讨论:一为弥补基本赤字(非利息)发行的国债,它等于当年发行的全部国债减去国债还本付息支出;二为每年发行的全部国债,包括为偿还旧债而发行的国债总额。

(6)原始数据均来源于历年的《中国统计年鉴》及历年的《中国财政年鉴》。

6.4.2 实证结果与分析

实证结果如表6-1所示。由表6-1可知,无论是采用"基本赤字国债"还是"全部国债",各主要变量的显著性和符号均保持不变,且大小也十分接近,因此,这两种口径对回归结论并无偏差性影响,本章的实证结果是稳健的,下面将基于"基本赤字国债"的实证结果展开进一步的分析讨论。

表6-1 挤出效应的实证结果(关系式Ⅰ)

解释变量	基本赤字国债		全部国债	
	系数估计	标准差	系数估计	标准差
常数项	97.823***	25.731	89.962***	23.822
i_g	2.393***	0.635	2.264***	0.652
e_{se}	-16.741***	2.216	-16.048***	2.337

续表

e_{nd}	3.952	4.060	3.590	3.730
e_{ga}	9.774***	2.136	7.289***	1.993
e_{other}	-0.077	0.433	0.396	0.286
$ntax$	-2.922***	0.812	-2.724***	0.757
$debt$	-1.827*	1.018	-1.511*	0.821
m_1	1.192***	0.094	1.269***	0.100
F-统计	697.314		695.659	
DW	2.253		2.342	

注：***、** 及 * 分别表示通过 1%、5% 及 10% 显著性水平检验；估计时采用了 AR 项矫正序列相关，此时实际估计的样本期调整为 1981—2003 年。

从表 6-1 可以看出，公共投资 i_g 在方程 I 中的系数为 2.39，且在 1% 水平上显著，这说明：一方面，政府进行的公共投资特别是基础设施投资（如交通、能源、通讯等的建设），与私人投资成互补关系，它的增加提高了私人资本的边际效益；另一方面，政府在技术研究等领域的投资也将直接提高私人资本的边际生产率，因此，公共投资"挤入"了私人投资。这与刘溶沧和马拴友（2001）的研究结论相同。

社会文教费反映的是政府在教育、医疗等公共事业的投入，社会文教费 e_{se} 在方程 I 中的系数为-16.74，且通过显著水平为 1% 的 t 检验。e_{se} 的系数为负且绝对值较大，表明了社会文教费对私人投资有着显著的负影响。这一方面是因为政府通过助学金、补助费等支出促进教育、电影等文教科卫事业的发展，而这类公共产品与私人消费形成了互补关系，它的增加将导致个人消费的不断增长（如随着中国教育事业的发展，越来越多的家庭储备一部分资金,以备子女将来受教育特别是受高等教育之用),从而减少了投资的可用资金、产生了挤出效应;更主要的原因则是我国教育、医疗等文教科卫事业还比较落后,而政府对此领域的基础投入还远远不足,使得社会文教费增长速度缓慢,1980年后近20年间社会文教费支出的相对水平只增长了11.4个百分点,平均年增长0.57个百分点,而90年代近十年期间的年增长率也只有2.5个百分点(阎坤、于树一,2004)。政府的"缺位"使得公众必须为此支付"昂贵"的消费价格,从而减少了私人投资的可用资金而对其产生较大的负影响。另据央行在2004年有关"储蓄目的"调查显示,"攒教育"列居民储蓄的首位。因此,笔者认为,政府增加社会文教费的支出,加大对教育、医疗等公共领域的基础投入,反而有利于居民资金存量的释放,促进投资。

从理论上讲,政府行政管理费支出衡量的是政府在管理社会公共事务方面的投入,政府对社会公共事务的管理目的是为私人部门提供良好的社会秩序、公共安全等公共品(胡东书,2002),这些公共品是为私人创造健康、有序投资环境的前提。而改革开放以来,我国政府在规范市场经济秩序、营造良好投资环境方面的确取得了长足的进步,因此,行政管理费 e_{ga} 对私人投资有着显著的促进作用。然而,这也并不意味着行政管理费越多越好,实际上Karras(1994)及Evan和Karras(1996)等人的研究表明,随着政府规模扩大或者政府支出结构的显著变化,政府支出与私人消费及投资的关系将可能发生变化,因此,结合具体的社会经济条件考察政府支出的效应显得十分必要。而国防作为一种公共品固然重要，但与居民家庭的行为选择并无直接关系，且与经济宏观调控的关系不大，因此，政府的国防支出对私人消费与投资并无显著影响，国防费 e_{nd} 的估计系数在统计上并不显著，这与胡东书（2002）以及 Laopodis（2001）对欧洲 4 国[①]的研究结果相一致。此外，其他支出在统计上也不显著。

政府税外收入（$ntax$，包括企业上缴的部分利润、教育费附加等各项行政性收费和事业性收费）在方程Ⅰ中系数为 -2.92，且通过显著水平为 1% 的 t 检验，这意味着税外收入对私人投资产生较大的挤出效应，名目繁多的各项非税费用降低了私人的资金来源，减少了投资，财政每增加 1 元税外收入，将减少 2.92 元的私人投资。这同时也说明企业的税外负担较为严重，因此，尽快完成费改税的制度改革，将有利于促进企业投资，加快国民经济的发展。

虽然国债融资拓展了政府支出的融资空间，增强了财政宏观调控的能力，然而国债发行可因直接挤占私人资金而产生挤出效应。$debt$ 在方程Ⅰ中的系数为 -1.83，这说明在我们所考察的 1980—2003 年这个总体样本时期内，国债的发行在一定程度上减少了私人投资的资金供应，产生了挤出效应，这与袁东等（2000）的研究结论相一致。同时，方程中 $debt$ 系数的绝对值小于公共投资 i_g 的系数（1.83<2.39），因此，即使在国债融资产生挤出效应的情况下，只要我们坚持正确的使用方向，把国债融资

---

① Laopodis（2001）对希腊（1960—1997）、爱尔兰（1960—1996）、葡萄牙（1960—1997）及西班牙（1960—1997）4 个欧洲国家的研究表明，政府的国防支出与私人投资之间不存在显著的相关关系。

所得的大部分资金投入到以公共投资为主的经济建设中去,它的净效应将依然为正。

与肖芸和龚六堂(2003)等人的研究结论相似,实证结果显示,货币供应不再具有"中性",对经济具有正效应。方程Ⅰ中货币供应量的系数为1.19,且在1%水平上显著,说明适度的货币发行将有助于促进私人投资。而且,财政支出在刺激总需求、促进投资时,最终都体现为货币购买力的增加上。因此,我们必须保持货币供应量的健康、稳定的增长,在较好地满足了经济增长需求的同时,防止因货币过度扩张、投资过热而招致通货膨胀,使得私人投资达到预期的效应。

6.5 国债融资挤出效应的进一步分析

不同年份的国债发行,是否减少公众投资的可用资金,是否引起政府与公众借贷资金的竞争,对此学者之间有着不同的看法。以樊纲(1999)为代表的学者认为,向商业银行和公众发行国债,基础货币没有增加,而在国债利率高于储蓄利率的情况下,公众会倾向于购买国债,而银行也会多存国债少放贷款,因此,1998年的国债发行产生了一定的挤出效应。曾令华(2000)等人则认为,在经济有效需求不足、社会存在着大量闲置资金的情况下,"政府不借只会导致资金供给更加大量的过剩",1998年发行的国债并不引起资金需求的竞争。因此,为了进一步考察财政债务的发行是否减少公众投资的可用资金,本章做如下假设：若国债发行量的攀升导致居民储蓄率异常的下降，则意味着存在着发行国债降低公众投资资金储量的可能，而当国债发行的增多并无导致储蓄率的异常下降，则说明经济有效需求不足，投资者信心低迷，政府与公众之间不存在资金需求的竞争。

储蓄率可按储蓄总量定义，由于我国的储蓄总量已经远远大于名义收入，这样的定义已经无法灵敏地反映出实际收入中向储蓄转移的比重，且居民收入是增量和流量，无法与储蓄总量这个存量形式相对应，因此与刘金全等（2002）研究相一致，为了更好地反映居民收入中的储蓄比例，本章研究中所采用的储蓄率按增量计算，结果列于表 6-2 和图 6-1。如表 6-2 和图 6-1 所示，1981 年国债首次面向国内发行，导致城镇居民储蓄率比 1980 年下降了 1.7 个百分点，而在 1988 年，投资者信心膨胀，固定资产规模不断上升，资金需求异常紧张，因此，伴随着国债发行比重的升高，储蓄率出现了异常的下降。而 1997—2000 年，城镇居民的储蓄率再次出现显著减少，1997 年的储蓄率下降了近 10 个百分点，至 2000 年达到了历年最低的 12.4%，此后才逐年回升。与此同时，国债发行量从 1997 年开始逐年攀升，占 GDP 的比重从 3.2% 上升到 4.64%。国债发行的增多与储蓄率的异常下降说明在这些年份里存在着发行国债降低私人投资资金储量的可能。而在有的年份（如 2001 年等），国债发行量的增多却并不导致储蓄率的下降或显著下降，则说明资金需求并不紧张，国债发行并不引发政府与公众之间的资金需求竞争。为了在实证中考察不同年份国债的挤出效应，我们设置虚拟变量 $Dummy_{in}$，其定义如下：

$$Dummy_{in} = \begin{cases} 1 & \text{伴随着国债发行的增多而储蓄率无异常下降的年份} \\ 0 & \text{伴随着国债发行的增多而储蓄率出现异常下降的年份} \end{cases}$$

则模型Ⅰ变为：

$$i_p^* t = a + a_g i_{gt} + a_{e1} e_{1t} + a_{e2} e_{2t} + L + a_{ei} e_{it} + a_n + ntax_t + a_d debt_t + a_{in} Dummy_{in} debt_t + a_m m_1 + \varepsilon_t \quad (Ⅱ)$$

由上面的分析可知，经济有效需求不足、投资者信心不强时，国债的发行并不引起资金需求竞争，反而拓展了政府支出的融资空间、增强了财政宏观调控能力，且国债收入的很大比例用于支柱产业和基础设施建设，产生挤入效应，因此，方程中 a_{in} 应显著为正。

表6-2 1980—2003年居民储蓄及国债发行比重

年份	城镇居民家庭人均可支配收入(元)	人均全国城镇储蓄存款增减额(元)	城镇居民储蓄率(%)	国内财政债务的发行额占GDP的比重(%)	是否存在着国债发行降低私人投资资金来源的可能	$Dummy_{in}$
1980	477.6	41.832	8.759%	0.000%	否	1
1981	500.4	35.446	7.083%	1.001%	是	0
1982	535.3	44.171	8.252%	0.828%	否	1
1983	564.6	51.992	9.209%	0.701%	否	1
1984	652.1	61.631	9.451%	0.593%	否	1
1985	739.1	73.229	9.908%	0.676%	否	1
1986	900.9	94.014	10.436%	0.613%	否	1
1987	1002.1	119.702	11.945%	0.527%	否	1
1988	1180.2	111.066	9.411%	0.617%	是	0
1989	1373.9	198.991	14.484%	0.332%	否	1

续表

1990	1510.2	261.171	17.294%	0.504%	否	1
1991	1700.6	539.902	31.748%	0.922%	否	1
1992	2026.6	607.160	29.960%	1.485%	否	1
1993	2577.4	818.922	31.773%	0.909%	否	1
1994	3496.2	1479.738	42.324%	2.200%	否	1
1995	4283.0	1921.563	44.865%	2.584%	否	1
1996	4838.9	2050.917	42.384%	2.722%	否	1
1997	5160.3	1702.054	32.984%	3.239%	是	0
1998	5425.1	1535.303	28.300%	4.121%	是	0
1999	5854.0	1394.410	23.820%	4.511%	是	0
2000	6280.0	780.022	12.421%	4.643%	是	0
2001	6859.6	1680.852	24.504%	4.607%	否	1
2002	7702.8	2299.614	29.854%	5.382%	否	1
2003	8472.2	2672.004	31.54%	5.142%	否	1

注：原始数据来自历年《中国统计年鉴》、历年《中国金融年鉴》及《中国人口统计年鉴2004》。

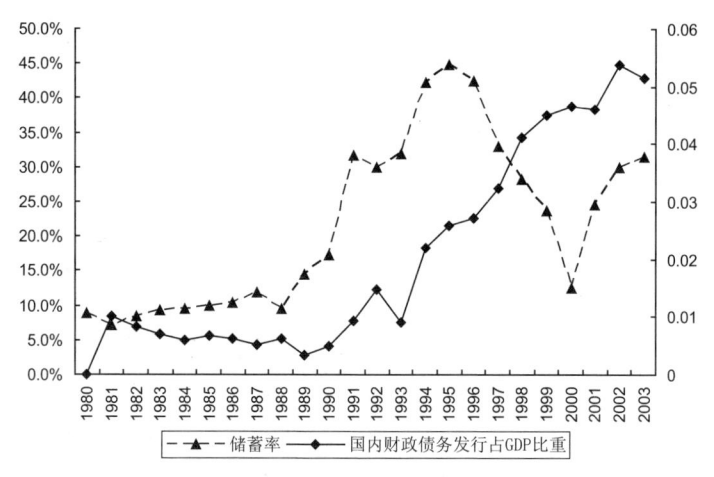

图 6-1 城镇居民储蓄率与国债发行比重关系图

国债发行 debt 的系数在表 6-1 方程 I 中并非高度显著,这意味在某些子样本时期内,经济处于非充分就业状态,社会有效需求不足,资金供应过剩,此时政府借走的只是闲置资金,国债的挤出效应将不复存在,对此,我们对样本进一步的实证分析。对关系式 II 的实证估计结果表明,公共投资、社会文教费、行政费用、国防费、其他支出、税外费用以及货币供应符号及显著性依然保持不变,而方程 II 中 $Dummy_{in} debt_t$ 的系数为 0.70,且在 10% 水平上显著,这说明在 2001 年等其他年份里,因为存在着大量的闲置资金,发行国债在拓展了政府支出的融资空间、增强了财政宏观调控能力的同时,并没有减少私人投资的可用资金。这同时也意味着,只有在投资者信心膨胀、资金需求紧张的年份,发行国债才会产生较为显著的挤出效应。

6.6　本章小结

以上实证结果表明,我国政府的公共投资提高了私人资本的边际产出,挤入了私人投资,社会文教费的支出则对私人投资有着负影响。当我们分析财政政策特别是赤字性财政政策对经济增长的影响时,我们必须对各项的经常性支出和资本性支出加以区别对待,如果大规模减少公共投资支出,在长期可能将影响私人投资的健康增长,特别是在内需不足、非理性投资热潮退却(如房地产市场投资泡沫破灭)的情形下,由大规模减少公共投资而对私人投资造成的影响可能将进一步凸现。

实证结果显示,在 1980—2003 年总体样本时期内,国债融资在一定程度上减少了民间的资金供给,挤出了私人投资。进一步的分析显示,当经济有效需求不足、社会存在着大量闲置资金时,国债的发行并不对私人投资产生挤出效应,且在一定程度上拓展了政府支出的融资空间,增强了财政宏观调控的能力。实证结果同时显示,即使在国债产生挤出效应情况下,只要我们把国债资金进行以公共投资为主的经济建设,它的净效应依然为正,这就意味着政府不仅仅要在不同的经济条件下把握好国债融资的适当规模,更重要的是坚持好国债资金正确的使用方向。

实证结果也显示,政府的税外融资较大程度上抑制了私人投资。因此,政府应加快税费改革,完善税收征收模式,以此促进企业投资,加快国民经济的发展。

最后,我们还必须指出,财政支出在刺激总需求、促进投资时,最终都体现在货币购买力的增加上,货币的适度增加有利于促进私人投资。因此,结合目前局部投资过热的情况,我们必须保持货币供应量的健康、稳定的增长,在较好地满足经济增长需求的同时,防止因货币过度扩张、投资过热而招致通货膨胀,使私人投资达到预期的效应。

第7章 政府债务、政府消费与私人消费非线性关系的国际研究

7.1 引言

自20世纪90年代中后期以来,中国经济在转轨过程中呈现出以内需不足为主要特征的基本态势。世界银行公布的官方数据显示(见表7-1),2000年后中国居民消费率呈现逐年下降的趋势,2008年中国居民消费率仅为34.94%,远低于美国70.82%的水平,比世界平均水平也低了近26%,与中低收入国家56.08%的居民消费率相比也有较大差距。因此,消费增长相对滞后、内需不足已成为现阶段我国宏观经济面临的亟需解决的重大问题。进入2008年年末,为了应对国际金融危机的冲击、促进经济平稳较快发展,我国政府审时度势地实施了旨在促进消费、扩大内需的积极财政政策,并出台了包括四万亿支出计划在内的一揽子政策措施。2010年中国拟安排的财政赤字扩增至10500亿元,首次突破万亿大关,达到了新中国成立61年以来的最大预算赤字规模。另外,政府财政预算报告则显示,

2011年中国财政支出将首次超过10万亿规模,伴随着赤字性财政政策的实施,中国国债发行规模也将显著攀升。在此背景下,现阶段结合政府债务规模对政府消费与私人消费的关系问题展开深入研究显然具有重要的学术价值与现实意义,它将为政府对未来宏观政策的选择与安排提供理论分析与实证检验的参考依据。

表7-1 中国与世界各主要国家、经济体的居民消费率(%)

	2000	2001	2002	2003	2004	2005	2006	2007	2008	平均
中国	46.69	45.66	43.97	41.85	40.22	38.1	35.21	35.96	34.94	40.29
美国	69.00	69.85	70.25	70.37	70.14	70.10	69.91	70.21	70.82	70.07
世界	61.37	61.96	61.93	61.74	61.23	61.08	60.61	60.49	61.06	61.27
OECD国家	62.11	62.70	62.88	62.86	62.52	62.53	62.21	62.03	62.56	62.49
中低收入国家	60.60	61.04	59.93	59.14	57.84	57.19	55.72	55.91	56.08	58.16

注:1.居民消费率是指居民消费占国内生产总值的比重。
2.数据来源于世界银行的《世界发展指标》。

一直以来政府消费支出是各国宏观调控的重要工具,它在需求管理中是否具有有效性,在很大程度上取决于政府消费与私人消费的关系。因此,对两者之间的互补(替代或无关)关系进行检验具有重要的意义,而相关学者也从不同的角度对两者的关系展开了深入的研究。然而迄今为止,学术界对政府消费与私人消费关系问题的实证研究尚未达成一致结论(Amano 和 Wirjanto,1998,p.719; Horvath,2009,p.816; Auteri 和 Costantini,

2010,p.782)。① 究其原因,一方面是由于各国在融资方式、融资规模、金融体系、消费方式等经济运行特征存在显著差异,使政府消费与私人消费在不同的经济体中呈现出替代(或互补)的不同关系,也使实证研究常常因国别和样本期选择的不同而得出不同的结论;另一方面,现有关于政府消费与私人消费关系的理论研究也无法达成一致结论(Gali et al., 2007, p.228;Furceri 和 Sousa,2009,p.2)。其中,RBC 模型认为,由于具有无限期界的消费者是基于跨期预算约束进行消费抉择的,政府支出的增加产生了负的财富效应,并由此导致了私人消费的减少;而IS-LM模型则认为,理性个人按"非李嘉图"方式进行消费,消费水平由居民的当期可支配收入决定,政府支出的增加在提高居民收入的同时促进了消费。由此可见,在政府支出与私人消费关系问题上不同的理论派系仍存在明显的分歧,这也使得基于不同理论派系的实证研究无法达成一致的结论。

最近,关于财政政策与私人消费关系问题的研究有了新的发展。最新的研究表明,财政政策对私人消费的宏观效应依赖于政府债务水平。随着政府债务规模的扩大,理性个人由于对未来税负增加的预期而减少现期消费,并由此削弱了政府支出的乘数效应,从而形成了政策工具的非线性效应。其中,Sutherland(1997)结合有限期界的消费者模型,首次从

---

① 例如,Ho(2001a,2001b)、Kwan(2006)以及 Auteri 和 Costantini(2010)等对相关国家的经验分析发现,政府消费支出与私人消费成替代关系,因此,政府支出挤出了私人消费;与此同时,Amano 和 Wirjanto(1998)、Okubo(2003)以及 Nieh 和 Ho(2006)等人的实证研究则表明,政府消费支出与私人消费成互补关系。

理论上阐述财政政策对消费的宏观效应与政府债务水平密切相关,当政府发行较大规模的公共债务,由于代表性消费者对未来税负增加的预期而使得财政政策对消费产生了"收缩效应"。Sutherland 的这一理论观点在 Bhattacharya(1999)、Berben 和 Brosens(2007)与 Bhattacharya 和 Mukherjee(2010)等人的经验分析中得到了验证。其中,Bhattacharya(1999)在对奥地利、法国和日本等 12 个 OECD 国家的实证研究中发现,政府债务规模与居民消费倾向存在负相关关系,随着政府债务规模的增加,居民的消费倾向逐步下降。此外,Berben 和 Brosens(2007)在面板协整框架中对 17 个 OECD 国家进行非线性研究,分析结果表明在具有较小规模政府债务的国家中,政府债务与私人消费并无显著相关关系,而当政府发行较大规模的公共债务时,债务将对私人消费产生负效应影响,并得出较大的债务规模将削弱财政政策宏观调控有效性的重要结论。最近,Bhattacharya 和 Mukherjee(2010)对 18 个 OECD 国家的政府债务规模、私人消费与政府消费关系展开深入研究,实证分析结果表明随着政府债务规模的增加,理性个人的消费行为由"非李嘉图"方式向"李嘉图"方式转变,即随着债务规模的不断扩大,较高的债务水平引发了理性个人对未来税负增加的预期,并导致预期持久性收入下降而减少了现期消费。由此可见,无论是在 Sutherland(1997)的理论研究中,还是在 Bhattacharya(1999)、Berben 和 Brosens(2007)以及 Bhattacharya 和 Mukherjee(2010)的经验分析中,政府债务规模均是影响财政政策需求管理有效性的重要因素,政府与私人消费关系可能因政府债务规模的增加而发生非线性转变。

随着现代计量经济学方法的不断发展,最近González等人(2005)在对面板门槛模型(PTR,Hansen,1999)进行有益拓展的基础上,提出了面板平滑转换回归模型(Panel Smooth Transition Regression Model,PSTR)。该体制转换(regime-switching)分析框架不仅可以有效地刻画出模型参数在截面单位间的异质性(heterogeneity)变化,而且允许模型参数随着转换变量做平滑的非线性转变。该非线性分析方法在近期也得到了广泛的重视,并应用在经济的相关研究领域中,取得了显著的成效,代表性的包括Aslanidis和Xepapadeas(2008)、Aslanidis和Iranzo(2009)、Destais等人(2009)、Béreau等人(2010)以及Lo'pez-Villavicencio和Silva(2011)等的研究。面板平滑转换回归模型的提出,也为我们研究政府与私人消费关系提供了新的思路。借助PSTR模型,我们可对政府消费与私人消费关系是否因政府债务规模的扩大而发生非线性转变展开深入研究,进而对"政府债务规模是否成为影响财政政策需求管理有效性的重要因素"展开进一步的论证。需要进一步指出的是,在考察政府消费与私人消费关系因政府债务规模的增加而发生非线性转变时,本章采用PSTR模型而非PTR模型(Hansen,1999)以及其他分段线性模型进行研究,主要是基于以下三点原因:首先,Sutherland(1997,p.149)通过模型演绎分析表明,随着政府债务规模的增加,财政政策对私人消费将由传统的"凯恩斯效应"向"收缩效应"("非凯恩斯效应")做平滑式的转变(smooth transition);而且,正如Fouquau等人

(2008, p.287)、Omay 和 Kan(2010, p.997)、Delatte 和 Fouquau (2011, p.4183)等人所指出的，PSTR 模型是 PTR 模型的普遍化形式，即 PTR 模型仅为 RSTR 模型的一种特例，当平滑参数较大时，模型则转变为 PTR 模型；第三，从后文的实证分析结果来看，平滑参数估计值较小，因此，政府消费与私人消费关系随着政府债务规模的增大呈现的是平滑式的转变，而并非突变式的转变，这也反证了本章采用模型的合理性与必要性，同时也为 Sutherland(1997)等人的理论预期提供了相应的经验支持。

在有关政府支出与私人部门支出的关系问题上，我国很多学者已从不同角度对其进行了很好的分析与阐述，其中代表性的研究如曾令华(2000)、胡书东(2002)、李广众(2005)、杨子晖(2006, 2008)、黄亭亭和杨伟(2010)、张延(2010)以及苑德宇等人(2010)。然而，纵观该领域的研究，现有国内大部分的文献主要集中在对我国这一单一国别的研究，有关跨国比较的研究仍然较少；而且，现有大部分的研究在对政府与私人消费关系进行研究的同时，较少对影响两者关系的相关因素展开深入分析，尤其较少对"政府债务规模等是否为两者关系的影响因素"这一问题展开深入研究，然而对此问题进行研究具有重要的意义。这是因为近 20 年来，为了对总需求进行有效调控并促进经济的稳定发展，赤字性财政政策在世界各主要国家被广泛运用，由此导致政府债务规模的不断攀升。随着债务规模的扩大，政府债务对私人消费的宏观效应正日益成为学术界与政策当局广泛关注的问题。与此同时,我国自20世纪90年代中后期以来为启动内需而实施的积极财政政策,使得政府消费支出不断增加,伴随着扩张性政策的实施,作为政府重要融资方式之一的国债发行量更是大幅增长(图7-1),而且四万亿支出计划的实施更是驱动着未来政府债务规模的显著攀升。在此背景下,对"政府债务规模是否为政府与私人消费关系的影响因素"这一问题展开深入研究具有重要的现实意义,它关系到我国未来财政政策的选择与安排。有鉴于此,本章尝试在现有研究的基础上做一个有益的补充,首次采用最新发展的PSTR模型(González et al.,2005),在非线型的框架下对包括我国在内的多个国家和地区的政府消费与私人消费的关系展开深入研究,其中重点结合政府债务规模考察政府消费与私人消费关系的渐进演变。

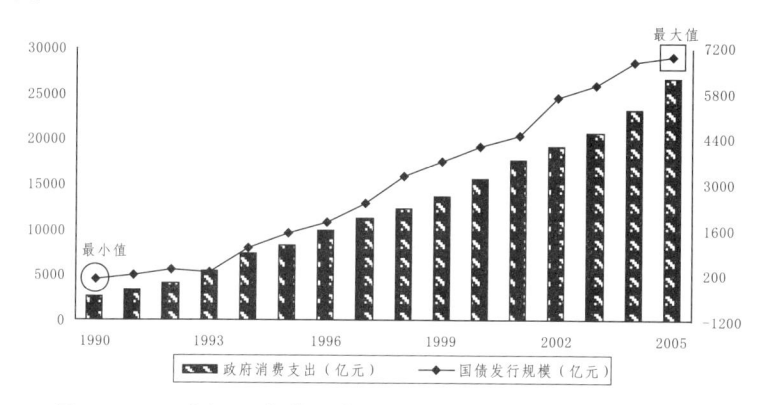

图7-1　20世纪90年代以来中国政府消费支出与国债发行规模

注:1.左Y轴表示政府消费支出规模,右Y轴表示国债发行规模。
　　2.由于从2006年起我国实行债务余额管理,不再反映债务发行收入,因此,依据数据的可获得性,在这里我们只报道1990—2005年国债发行规模。
　　3.数据来源于2010年《中国财政年鉴》。

7.2 面板平滑转换回归模型

7.2.1 模型设定

Ho(2001a,2001b)通过模型推导获得了研究政府消费与私人消费的长期关系式①,该关系式具体表达如下:

$$C_t = a_0 + \beta_0 G_t + \beta Y_t^d + v_t \qquad (7-1)$$

其中,C_t 和 G_t 分别为 t 时期实际的私人消费与政府消费,Y_t^d 为私人实际可支配收入,β_0 为政府与私人消费的关系参数,其正(或负)符号刻画了政府消费与私人消费之间的互补(或替代)的关系。为了进一步考察政府消费与私人消费关系是否因政府债务规模而发生非线性转变,本章采用 RSTR 模型(González et al.,2005)对政府消费与私人消费关系的渐进演变展开深入研究。下面对 PSTR 模型的基本原理进行简要说明。

PSTR 模型采用以下基本回归方程:

$$C_{it} = a_i + \beta_0 G_{it} + \beta_1 G_{it} g(q_{it}; \gamma, c) + \beta Y_{it}^d + \varepsilon_{it} \qquad (7-2)$$

与此同时,PSTR 模型假定转换函数 $g(q_{it};\gamma,c)$ 遵循以下 logistic 转换函数:

$$g(q_{it};\gamma,c) = [1 + \exp(-\gamma(q_{it} - c))]^{-1}, \gamma > 0 \qquad (7-3)$$

---

① 具体推导过程及相关细节详见 Ho(2001b,pp.98-99)。

其中，γ 为平滑参数，c 为位置参数，q_{it} 为转换变量，在本章的实际分析中，我们以政府债务规模作为转换变量。与此同时，我们可知转换函数 $g(q_{it};\gamma,c)$ 为 [0,1] 区间的有界连续函数，如果平滑参数 γ 趋向于无穷，转换函数 $g(q_{it};\gamma,c)$ 为指标函数，此时 PSTR 模型转变为面板门槛回归模型（PTR，Hansen，1999）；而当平滑参数 γ 趋向于零，转换函数 $g(q_{it};\gamma,c)$ 为常数函数，此时 PSTR 模型成为具有个体效应的线性模型。

基于 PSTR 模型，我们不仅可以有效地刻画出政府消费与私人消费关系参数在国际的异质性（heterogeneity）变化，而且可以有效地刻画出关系参数随时间的推移而产生的非稳定性的变化。更重要的是，它允许政府消费与私人消费关系参数随着转换变量的大小而做平滑的非线性转变。其中，在 PSTR 模型中，政府消费与私人消费关系参数 e_{it} 可表示成为：

$$e_{it} = \frac{\partial C_{it}}{\partial G_{it}} = \beta_0 + \beta_1 g(q_{it};\gamma,c) \qquad (7-4)$$

β_1 的正负符号刻画了政府与私人消费关系参数 e_{it} 与转换变量 q_{it} 之间的关系，当 β_1 为正，关系参数 e_{it} 随着转换变量 q_{it} 的增加而增加；反之，当 β_1 为负，则意味着关系参数 e_{it} 随着转换变量 q_{it} 的增加而减少。消费关系参数 e_{it} 的正（或负）符号刻画了政府消费与私人消费之间的互补（或替代）的关系。

此外，我们可将以上的 PSTR 基本模型进一步拓展成为以下包含 $r+1$ 个体制转换区间的 PSTR 模型：

$$C_{it} = a_i + \beta_0 G_{it} + \sum_{j=1}^{r} \beta_j G_{it} g_j(q_{it};\gamma_j,c_j) + \beta Y_{it}^d + \varepsilon_{it} \qquad (7-5)$$

7.2.2 线性检验

在对以上 PSTR 模型进行有效估计之前,我们必须进行"线性检验",以考察体制转换效应是否显著。"线性检验"是对原假设 $H_0: \gamma = 0$ 或 $H_0: \beta_1 = 0$ 是否成立进行检验。然而,在原假设下 PSTR 模型包含着不可识别的 nuisance 参数,使得传统检验统计量无法遵循标准分布。针对这一所谓的"Davies"问题(参见 Davies,1977),Luukkonen 等人(1988)采用泰勒渐进式来替代转换函数,并对模型重新参数化(re-parameterized)以构造辅助回归式,在此基础上进行等价的"线性检验",从而有效解决了这一识别问题。此外,该解决方法还具有两大优势,即无需在备择假设下对模型进行估计,而且检验统计量遵循标准分布。而 González 等人(2005)延续 Luukkonen 等人(1988)的解决方法,采用转换函数 $g(q_{it}; \gamma, c)$ 在 $\gamma = 0$ 处的一阶泰勒渐进式来构造辅助回归式,从而进行等价的"线性检验":

$$C_{it} = a_i + \theta_0 G_{it} + \theta_1 G_{it} q_{it} + \beta Y_{it}^d + \varepsilon_{it} \qquad (7-6)$$

因此,对 PSTR 模型进行"线性检验"等价于检验原假设 $H_0: \theta_1 = 0$ 是否成立。为了考察原假设是否成立,我们分别采用以下的 LM 检验统计量以及 F 检验统计量进行检验,即:

$$LM = TN(SSR_0 - SSR_1)/SSR_0 \qquad (7-7)$$

$$LM_F = (SSR_0 - SSR_1)/[SSR_0/(TN - N - 1)] \qquad (7-8)$$

其中,SSR_0 为原假设下(即线性假设下)的面板残差平方和,而 SSR_1 则为备择假设下(即 PSTR 模型假设下)的面板残差平方和。在原假设下,LM 检验统计量遵循渐进 $x^2(1)$ 分布,而 F 检验统计量则遵循渐近 $F(1,TN-N-1)$ 分布。

7.2.3 剩余非线性检验

在进行"线性检验"并拒绝线性原假设的基础上,我们必须接着进行"剩余非线性检验"(remaining nonlinearity)。具体来说,就是考察是否只存在唯一一个转换函数($H_0:r=1$)或者至少存在着两个转换函数($H_1:r=2$)。在基于 $r=2$ 的备择假设下,PSTR 模型具有以下的表达形式:

$$C_{it} = a_i + \beta_0 G_{it} + \beta_1 G_{it} g(q_{it};\gamma_1,c_1) + \beta_2 G_{it} g(q_{it};\gamma_2,c_2) + \beta Y_{it}^d + \varepsilon_{it} \quad (7-9)$$

与前面的分析相类似,González 等人(2005)通过采用第 2 个转换函数在 $\gamma_2=0$ 处的一阶泰勒展开式来构造辅助回归式,从而进行"剩余非线性检验":

$$C_{it} = a_i + \theta_0 G_{it} + \beta_1 G_{it} g(q_{it};\gamma_1,c_1) + \theta_1 G_{it} q_{it} + \beta Y_{it}^d + \varepsilon_{it} \quad (7-10)$$

"剩余非线性检验"将考察原假设 $H_0:\theta_1=0$ 是否成立。与"线性检验"相类似,我们基于相应的 LM 检验统计量以及 F 检验统计量进行检验。在实际检验过程中,我们首先对原假设 $H_0:r=r^*$ 以及相应的备择假设 $H_1:r=r^*+1$ 进行检验,如果拒绝原假设 H_0,我们则继续对 $H_0:r=r^*+1$ 以及相应的备择假设 $H_1:r=r^*+2$ 进行检验,依此类推,直到我们无法拒绝原假设 H_0 为止。

7.3 数据说明

为了对政府消费与私人消费关系的渐进演变展开深入研究,本章在非线性的框架下对包括中国、韩国、瑞士等多个国家和地区的政府消费与私人消费的关系展开深入研究,样本的时间跨度为1990—2005年[①];样本以及样本时间跨度的选择基于统计数据的可获得性(见表7-2)。

为了具有可比性,在本章所采用的数据中,实际的政府消费支出、私人消费支出、可支配收入、政府债务规模以及总人口均来自世界银行《世界发展指标》以及BvD的《EIU世界各国投资分析库》,各变量均为年度变量,且各人均实际变量为各实际总变量除以总人口获得,并采用对数形式。此外,为与现有的研究相一致,本章以政府债务余额占GDP的比重来衡量政府债务规模。

表7-2 样本及样本时期的说明

样本名称	样本时期	样本名称	样本时期	样本名称	样本时期
韩国	1990—2005	奥地利	1990—2005	瑞士	1990—2005
马来西亚	1990—2005	比利时	1990—2005	西班牙	1990—2005
日本	1990—2005	丹麦	1990—2005	希腊	1990—2005

[①] 与González等人(2005,p.17)、Colletazy和Hurlin(2006,p.16)、Fouquau等人(2008,p.289)以及Omay和Kan(2010,p.999)等的研究相一致,在应用PSTR模型时,我们采用了平衡的面板数据(balanced panel)进行实证分析。

第7章 政府债务、政府消费与私人消费非线性关系的国际研究

续表

伊朗	1990—2005	德国	1990—2005	意大利	1990—2005
印度	1990—2005	芬兰	1990—2005	加拿大	1990—2005
约旦	1990—2005	荷兰	1990—2005	智利	1990—2005
中国香港	1990—2005	挪威	1990—2005	澳大利亚	1990—2005
中国	1990—2005	葡萄牙	1990—2005	新西兰	1990—2005
毛里求斯	1990—2005	瑞典	1990—2005	突尼斯	1990—2005

注：样本以及样本时间跨度的选择基于统计数据的可获得性。

7.4 "线性检验"与"剩余非线性检验"

首先，我们对样本国家和地区政府债务规模进行统计描述，并把结果列于表7－3。由表7－3的最大值、最小值指标，我们可以清楚地看出，绝大部分样本的政府债务规模随时间推移而出现了较大的变动，其中在样本期内，智利的债务规模在7.5%—45.4%区间变动，芬兰的债务规模在11.4%—55.9%变动，新西兰的债务规模在21.2%—62.5%区间做显著的变动，中国的政府债务规模则在4.8%—27.6%区间呈现明显的变化。此外，其余绝大部分样本的债务规模均有着程度不一的显著变动。与此同时，由表7－3的均值指标，我们可以清楚地看出，在样本期内政府债务规模也迥然相异，其中，韩国、中国、智利等国家和地区的债务规模相对较小，均不到20%，而芬兰（42.6%）、印度（53.0%）、葡萄牙（56.2%）等国家的平均债务规模则处于中等规模水平。与其形成鲜明对比的是，目前身陷债务危机的希腊、意大利等国家则为高债务的国家，其中，希腊的政府债务规模平

均高达102.5%,而意大利的平均债务规模也达到110.0%。由此可见,在本章研究的样本时期内,样本国家和地区的政府债务规模随着时间的推移而出现了较大了的变动,同时,政府债务规模在各样本之间也有着迥异性的变化。

表7-3 样本政府债务规模的统计描述

样本	均值	最小值	最大值	标准差	样本	均值	最小值	最大值	标准差
韩国	11.5	5.1	23.3	6.2	中国	15.2	4.8	27.6	10.3
智利	19.8	7.5	45.4	10.9	澳大利亚	27.3	15.0	41.7	8.8
挪威	37.6	27.5	54.0	8.2	毛里求斯	37.9	32.3	48.4	5.1
新西兰	40.8	21.2	62.5	14.5	芬兰	42.6	11.4	55.9	12.4
瑞士	46.5	29.9	53.9	7.7	伊朗	47.2	24.4	81.0	18.9
马来西亚	48.2	31.9	79.5	13.7	印度	53.0	46.6	61.1	4.0
德国	54.1	37.3	66.7	9.3	西班牙	54.6	42.6	66.7	8.5
葡萄牙	56.2	50.4	63.9	3.8	瑞典	58.8	38.6	72.4	10.6
丹麦	59.0	35.9	80.1	13.0	突尼斯	59.5	54.8	62.6	2.5
荷兰	63.3	49.9	74.8	9.9	奥地利	64.1	57.0	69.1	3.9
加拿大	85.7	69.7	100.0	10.1	希腊	102.5	77.9	113.2	10.9
约旦	106.4	79.8	152.6	20.7	意大利	110.0	94.5	121.4	8.2
日本	111.2	64.7	169.4	38.0	比利时	116.4	93.3	134.1	14.0

接着,我们对政府消费与私人消费之间是否存在非线性关系进行检验,在进行"线性检验"并拒绝"线性原假设"的基础上,我们进行"剩余非线性检验",以考察政府与私人消费关系中存在的非线性转换函数(体制转换区间)的最优个数。其中,

在"线性检验"过程中,为了保证结论的稳健性,我们分别采用 LM 与 LM_F 检验统计量对原假设 $H_0: r=0$ 以及相应的备择假设 $H_1: r=1$ 进行检验,检验结果列于表7-4。

表7-4 "线性检验"与"剩余非线性检验"

	LM 检验统计量	P值	LM_F 检验统计量	P值
$H_0: r=0$ vs $H_1: r=1$	5.842***	0.000	5.401***	0.000
$H_0: r=1$ vs $H_1: r=2$	1.161	0.281	1.054	0.305
$H_0: r=2$ vs $H_1: r=3$	—	—	—	—

注:***表示通过1%的显著性水平检验。

由表7-4的检验结果①我们可知,当我们以政府债务规模作为转换变量而对政府消费与私人消费之间的关系展开"线性检验",LM 与 LM_F 检验统计量均显著地拒绝两者为线性关系的原假设,这就充分地表明,政府与私人消费之间的关系将随着政府债务规模的增大而呈现非线性的变化。

在以上"线性检验"的基础上,为了能正确地刻画政府消费与私人消费之间的非线性关系,我们将进行"剩余非线性检验",以考察PSTR模型中非线性转换函数(体制转换区间)的最优个数。在实际检验过程中,我们首先对原假设 $H_0: r=r^*$ 以及相应的备择假设 $H_1: r=r^*+1$ 进行检验,如果拒绝原假设 H_0,我们将继续对 $H_0: r=r^*+1$ 以及相应的备择假设 $H_1: r=r^*+2$ 进行

---

① 需要进一步指出的是,即使基于高阶泰勒渐进式构造辅助回归式并展开检验[例如Luukkonen等人(1988)采用3阶泰勒渐进式构造辅助回归式进行检验],本章的检验结果也并不改变,因此,本章的检验结论的稳健的、可靠的。

检验……依此类推,直到我们无法拒绝原假设 H_0 为止。基于"剩余非线性检验"的分析结果(见表 7-4),我们无法拒绝 H_0: $r=1$ 的原假设,因此,我们可断定在本章实际应用的 PSTR 模型中,非线性转换函数的最优个数应为 1 个。

此外,为了进一步保证结论的可靠性与稳健性,在以上线性检验的基础上,我们对模型参数在截面单位之间是否具有同质性展开进一步的检验。具体而言,我们采用可变系数模型来对政府消费与私人消费关系进行估计,并在此基础上采用 F_3^* 检验统计量(Hsiao,2003,p.149)来对模型参数在截面单位间是否具有同质性进行检验。① 从检验结果来看,F_3^* 检验统计值为 44371.44,且高度显著,其对应的 P 值为 0.00,因此,我们拒绝了模型参数在各个截面单位间具有同质性(具有共同参数)的原假定。

7.5 非线性模型的参数估计

在以上通过"线性检验"与"剩余非线性检验"对 PSTR 模型进行正确设定的基础上,我们对模型的相关参数展开非线性估计。在估计过程中,为了获得一致且渐进无偏的参数估计值,依据 González 等人(2005)的建议,我们分两个步骤对模型参数展开估计:首先,我们通过平减个体均值以消除个体效应,在此

---

① 关于模型参数在面板单位间同质性检验的基本原理以及检验统计量 F_3^* 构建的相关细节,限于篇幅,这里不做详细阐述,有兴趣的读者请参阅 Hsiao(2003, pp.147-149)。

基础上,采用非线性最小二乘估计方法(NLS)对模型参数展开估计。在此过程中,与 Aslanidis 和 Xepapadeas(2008)的研究相一致,我们采用格点搜索(grid search)方法寻找使模型残差平方和(RSS)最小的参数值,从而向 NLS 方法提供"最优"的估计初始值,估计结果显示各参数估计值均取得了很好的收敛效果,而且各参数估计值均高度显著,符号的正负也与理论预期相一致。此外,为了进一步保证估计结果的稳健性和可靠性,我们分别采用遗传(genetic)优化算法和单纯形(simplex)优化算法向非线性估计提供"最优"初始值,并再次展开非线性估计。估计结果显示基于不同算法的各参数估计值依然保持不变,因此,我们可断定,本章的非线性估计结果是稳健的。参数估计结果列于表7-5。

表7-5 面板平滑转换回归模型参数估计

估计参数	系数估计值	标准差
β_0	0.045*	0.026
β_1	-0.012***	0.001
β	0.852***	0.022
转换函数个数 r	1	
位置参数 c	20.381	
平滑参数 γ	0.162	
SSR	0.319	
AIC 准则	-7.189	
BIC 准则	-7.142	

注:*、**以及***分别表示通过10%、5%以及1%的显著性水平检验。

由表7-5我们可知,平滑参数值 γ 较小(仅为0.162),因此,转换函数将呈现平滑渐进变化趋势(图7-2),这就意味着随着政府债务规模的扩大,政府消费与私人消费之间存在着渐进演变的非线性关系。与此同时,β_1 的估计值为负且高度显著,这就充分地表明,随着政府债务规模的持续增加,理性个人由于对未来税负增加的预期而减少了现期消费,从而使政府消费与私人消费之间的互补程度逐步减弱,并由此形成了两者之间的非线性关系。

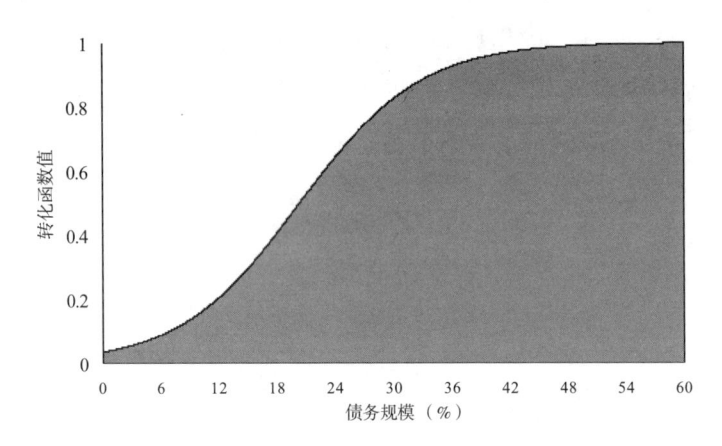

图7-2 估计的转换函数的非线性变化趋势

注:转换函数中的平滑参数 $\gamma = 0.162$,位置参数 $c = 20.381$。

7.6 政府消费与私人消费渐进演变非线性关系的进一步讨论

为了进一步考察政府消费与私人消费之间的非线性关系,我们分别计算出各个国家和地区在1990—2005年间政府债务规模的平均值,并依据 PSTR 模型的参数估计值,计算出与其相对应的消费关系参数值 e_{it},并由此画出中国、韩国、新西兰等国家和地区消费关系参数与转换变量(政府债务规模)的散点关系图①。

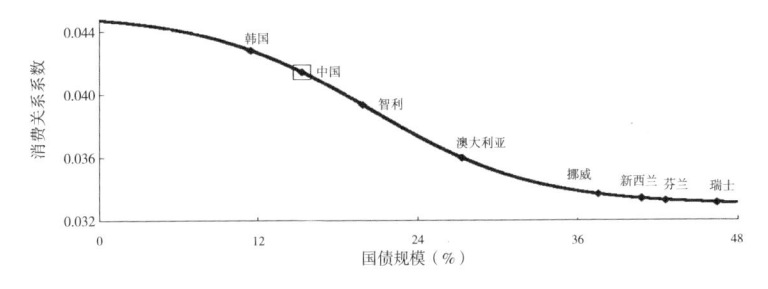

图 7-3 政府消费与私人消费非线性关系的渐进演变

由图 7-3 我们可知,财政政策在总需求管理中的宏观效应依赖于政府债务水平,随着政府债务规模的不断增加,政府消费与私人消费之间的互补关系呈现渐进减弱的态势。因此,随着政府债务的大规模增加,政府在促进消费、带动内需方面的作用将呈现渐进减弱态势。这就意味着对于通过大规模发行国债而实施的扩张性政策,我们必须审慎对待。随着政府债务的大规模增加,理性个人由于对未来税负增加的预期而减少了现期消费,从而在一定程度上削弱了政府支出的乘数效应,并由此降低财政政策在需求管理中的有效性。这与 Sutherland(1997)、Berben 和 Brosens(2007)以及 Bhattacharya 和 Mukherjee(2010)等研究的结论相一致。

---

① 为了节省空间,在这里并没有报道出所有样本的散点关系图,然而,其余国家的消费关系参数与转换变量(政府债务规模)的散点关系图同样具有类似的非线性趋势,有兴趣的读者可向作者索取其余国家的散点关系图。

为了进一步考察我国政府与私人消费关系自 20 世纪 90 年代以来的非线性转变,我们分别列出我国主要年份的政府债务规模,并由此计算出与其相对应的消费关系参数值,在此基础上画出它们之间的散点关系图。由图 7-4 我们可知,自 20 世纪 90 年代以来我国政府消费与私人消费之间的关系发生了渐进非线性转变,即随着政府债务规模由 1991 年的 5.9% 上升至 2009 年的 17.7%,政府消费与私人消费关系参数值 e_{it} 有所下降,然而目前我国政府消费与私人消费关系参数值依然为正,因此,现阶段我们政府消费与私人消费依然保持着互补关系,政府消费支出的增加有助于促进私人消费,进而带动国民经济的发展。这就为现阶段我国政府通过实施扩张性财政政策来刺激消费、扩大内需提供了理论基础与检验依据,这与胡书东(2002)、李广众(2005)、杨子晖(2006)等人的研究结论相一致。

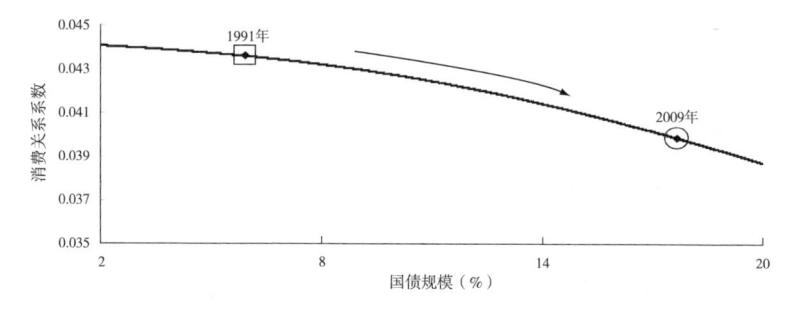

图 7-4 20 世纪 90 年代以来中国政府消费与私人消费关系的非线性演变

此外,依据 2010 年中国公布的官方数据计算,2009 年中国国债余额占 GDP 比重为 17.7%[①],与如《马约》规定的 60%

---

① 原始数据来源于 2010 年《中国统计年鉴》。

的警戒水平相比仍有差距,因此,我国目前仍具备可控的国债融资空间[1],这就使得现阶段依靠赤字性财政政策来刺激消费、拉动内需仍具有一定的政策操作空间。然而,尽管如此,我们也必须对此时刻保持审慎态度,随着政府债务规模的不断扩大,财政政策在需求管理中的有效性将呈现减弱态势,依靠赤字性政府支出来推动经济的政策操作空间也将随着不断缩小,而庞大的政府债务最终可能沦为"挫伤"内需增长的"双刃剑"。

7.7 本章小结

本章首次结合最新发展的面板平滑转换回归模型(PSTR),在非线型的框架下对政府消费与私人消费的关系展开深入研究,重点结合政府债务规模考察政府消费与私人消费关系的渐进演变。本章研究发现,政府消费与私人消费之间存在着非线性的关系,即随着政府债务的扩大,理性个人由于对未来税负增加的预期而减少了现期消费,从而使得政府消费与私人消费之间的互补程度逐步减弱,并由此形成了两者之间的非线性关系。

在此基础上,本章对我国政府消费与私人消费的关系展开进一步的深入分析,研究发现尽管自 20 世纪 90 年代以来,我国政府债务规模的增加使得政府消费与私人消费关系参数值有所下降,然而现阶段我国政府消费与私人消费依然保持着互补关系。

---

[1] 中国国务院总理温家宝在 2009 年《政府工作报告》中也指出,目前我国的债务规模是"综合国力可以承受的,总体上也是安全的"。

基于以上的研究结果，本章得到以下两点启示：

（1）财政政策在总需求管理中的宏观效应在较大程度上依赖于政府债务水平，随着政府债务规模的不断增加，政府消费与私人消费之间的互补程度将由此而逐步减弱，政府在促进消费、带动内需方面的作用也将呈现渐进减弱的态势。这就意味着对于通过大规模发行国债而实施的扩张性政策，我们必须加以审慎对待。随着政府债务的大规模增加，理性个人由于对未来税负增加的预期而减少了现期消费，从而在一定程度上削弱了政府支出的乘数效应，并由此降低财政政策在需求管理中的有效性。

（2）现阶段我国政府与私人消费依然保持着互补关系，政府消费支出的增加有助于促进私人消费，进而带动国民经济的发展，这就为现阶段我国政府通过实施扩张性财政政策来刺激消费、扩大内需提供了理论基础与检验依据。与此同时，本章的进一步分析则显示，我国现有的债务水平与国际公认的警戒水平相比仍有差距，因此，我国仍具备可控的国债融资空间，这就使得现阶段依靠赤字性财政政策来刺激消费、拉动内需仍然具有一定的政策操作空间。然而，尽管如此，我们也必须对此时刻保持审慎态度，并在宏观调控中把握好国债融资的合理规模，防范过度扩张的债务规模"挫伤"财政政策刺激消费、促进经济增长的有效性。

第8章 货币-财政政策对私人投资的动态影响研究——基于有向无环图的 SVAR 分析

8.1 引言

货币政策与财政政策是政府对经济运行进行宏观调控的两大政策工具,关于它们在需求管理中的相对有效性,不同理论学派有着不同的观点:传统的凯恩斯学派认为财政政策在影响实体经济方面具有相对的有效性,然而,由于财政政策可能引致"挤出效应"而降低乘数效应,货币主义学派认为货币政策在决定经济绩效中发挥着更大的作用。而我国自改革开放以来,货币-财政政策的搭配运用,在经济发展中发挥着重大的作用。2005年后,我国政府转而实行"双稳健"的货币政策与财政政策,以期在保持经济良好增长的同时,抑制局部过热的投资。在此背景下,本章将结合我国实际经济条件,考察货币-财政政策在长短期对私人投资的动态影响,在对政策工具是否引发挤出效应做进一步讨论的基础上,对我国货币政策与财政政策在总需求管理中的有效性进行比较，从而为我国未来宏观调控政策的选择与安排提供理论分析和实证检验的参考依据。

8.2 货币政策与财政政策对私人投资的传导途径

关于政策变量影响实体经济部门的传导途径的研究由来已久，现有的研究表明，货币政策的传导途径主要包括"货币渠道"(money channel)和"信贷渠道"(credit channel)。传统的金融理论认为，货币政策通过"货币渠道"影响实体经济，其中最典型的是凯恩斯的"利率途径"，即货币供应量的增加降低了实际利率，进而影响了投资，结合流程图可表示如下：货币供应量M⇒利率 i⇒投资 I，此外还包括"资产价格途径"、"汇率途径"等。而"信贷渠道"论则认为货币供应量的增加不仅影响传统的货币市场，还通过信贷市场带动了银行贷款规模的扩大，进而促进了投资，即货币供应量 M⇒银行贷款 CR⇒投资 I。"信贷渠道"理论是在均衡信贷配给理论(Stiglitz 和 Weiss, 1981)和 CC-LM 模型(Bernanke 和 Blinder, 1988)提出之后才逐步兴起并为学术界所广泛关注的。

关于财政政策的传导机制，西方经济学理论认为，财政支出同样可通过利率效应影响私人投资，即财政支出的增加提高了实际利率进而"挤出"了投资。而在我国，由于利率尚未市场化，货币市场和商品市场的变化并不一定导致实际利率的变动，在现行的管制体制下，利率既不能及时反映社会资金供求关系的变化，也不能真实代表投资的融资成本，因此，在影响实体经济中政策工具难以通过利率效应发挥有效作用。实际上，这一点在现有的研究中也得到了验证。如曾令华（2000）发现我国实际利率的变动并非由政府支出的扩张引起；刘溶沧和马拴友（2001）的研究则表明我国预算赤字与利率并无显著关系。然而近年来的研究表明，除了利率效应，财政支出可因"互补"或"替代"关系而对私人投资产生直接影响，即财政支出 GE $\overset{\text{替代或互补}}{\Rightarrow}$ 投资 I，其中代表性的学者如 Aschauer（1989），他对美国的研究发现，公共投资因与私人投资成互补关系而显著地"挤入"了私人投资。这一直接作用机制的提出也为我们分析财政政策对私人投资的影响提供了新的理论依据。

传导机制的不同使货币政策与财政政策所依赖的作用方式和发生条件各不相同，从而对实体经济部门的影响力度也各不相同，这也使不同的学派对于这两种政策工具的相对有效性有着不同的观点。传统的凯恩斯学派认为财政政策在影响实体经济方面具有相对的有效性，然而由于财政政策可能引致"挤出效应"而降低乘数效应，货币主义学派认为货币政策在决定经济绩效中发挥着更大的作用。近年来随着计量分析方法的发展，相关的学者结合不同的传导途径，通过考察货币政策、财政政策对在长短期对私人投资的动态影响，在对政策工具是否引发挤出效应做进一步讨论的基础上，对货币政策与财政政策在总需求管理中的有效性进行比较。其中，代表性学者的如 Ansari（1996），他结合方差分解与脉冲响应考察印度的货币供应量、财政支出与产出的动态关系时发现，在影响实体经济方面财政政策比货币政策更具有效性,与此同时,由于公共支出挤入了私人投资而使得财政支出的扩大促进了产出的增长;Owoye 和 Onafowora(1994)对非洲 10 个国家的研究表明,坦桑尼亚等 5 个非洲国家的财政政策具有相对有效性,而可能由于政策工具所引致的"挤出效应",南非、肯尼亚、摩洛哥、加纳以及尼日利亚 5 个非洲国家的货币政策更具有效性;此外,Chowdhury 等人(1988)采用 VAR 模型研究货币供应量、财政支出与各种类别的投资支出的关系,结合方差分解研究表明货币供应量对投资变量的影响力度更大。

8.3 传统分析方法存在的局限性

关于货币-财政政策与私人投资的关系研究以及政策工具的相对有效性这一研究领域,过去的文献大多采用 Granger 因果检验法及预测方差分解进行分析,然而,Granger 因果检验虽然能为我们的分析提供一定的参考依据,却在以下四个方面存在着一定的不足:首先,Granger 因果检验的定义是基于时间次序的"先后",并不考虑变量间的同期因果关系;其次,Granger 因果检验对滞后项的选择十分敏感(Abdullah 和 Rangazas,1988,p.682;gujarati,2003,p.699),基于不同的滞后阶数可能得出不同的结论;再者,Lesage(1986)的研究显示,由于 VAR 模型中的变量之间常常存在某种程度的共线性关系,使得 F 统计量下偏而容易产生"不存在因果关系"的误判;最重要的是 Granger 因

第8章 货币-财政政策对私人投资的动态影响研究

果检验只考虑经济变量的因果关系在统计上显著性（Sims，1972，p.545；Sims，1980，p.20；Abdullah 和 Rangazas，1988，p.682），而 Sims（1972，p.394）对此则指出，在分析变量间的因果关系时，我们不能过分依赖 F 检验值的统计显著性，当变量系数的绝对值较"大"，无论其统计上是否显著，从经济分析的角度，我们都不能随意地将其设置为 0。相比较而言，方差分解能够为我们的研究提供更多的信息，因为它考虑了经济变量的经济显著性（Sims，1980；Abdullah 和 Rangazas，1988），同时，借助方差分解我们也可对政策工具的有效性进行比较。然而传统的方差分解同样存在着一定的局限性，这是因为正确设定扰动项（innovation）之间的同期因果关系是合理地进行方差分解的关键（Bernanke，1986；Cooley 和 LeRoy，1985；Swanson 和 Granger，1997）。然而，在国内外应用 VAR 进行分析的相关文献中，大多采取传统的 Choleski 分解，即在正交化（orthogonalize）过程中对扰动项施加了一个恰好识别的同期关系结构，这一方法的最大问题在于它对 VAR 模型的结构进行了先验的主观判断，缺乏充分的理论基础，且认为扰动项之间存在着递归的同期因果关系，这无疑是一个很强却未必真实的识别假定（Bernanke，1986；Cooley 和 LeRoy，1985；Swanson 和 Granger，1997），而且在实际经验分析中，常常因为变量排列次序的不同而得到迥异的分析结论。而伯南克于 1986 年提出的 Bernanke 分解，使研究者拥有更灵活的空间，以对扰动项之间的同期因果关系进行设定，它虽然避免了类似 Choleski 分解中"扰动项递归关系"的强假定，但在应用 SVAR（结构向量自回归模型）进行研究的相关文献中,研究者依然需要借助先验的信息或相关的理论以对扰动项的同期关系进行设定,这就不可避免地存在着一定程度的主观色彩(Swanson 和 Granger,1997)。Spirtes 等人(1993)、Pearl(1995,2000)与 Swanson 和 Granger(1997)在 VAR 分析领域里取得的新的进展,有效地解决了这一问题。他们提出了"有向无环图"(DAG)的分析方法,即通过分析扰动项之间的(条件)相关系数,以正确识别扰动项之间的同期因果关系,进而为正确设定 VAR 扰动项的结构关系提供客观的依据,从而避免了上述传统方差分解方法存在的局限。这种基于数据(data-determined)的分析方法在近期也得了广泛的重视,并开始应用在相关研究领域中(如 Awokuse 和 Bessler,2003,Haigh 和 Bessler,2004,Yang et al.,2006 等做的研究),并取得了显著的成效。

近年来关于政策工具在需求管理中的有效性问题已引起国内学者的重视,并从相关角度进行了较好的阐述。其中,周英章和蒋振声(2002)运用了 Granger 因果检验及传统的方差分解对货币传导的不同途径进行比较分析,而李义超等(2002)则结合 Granger 因果检验考察了财政支出、货币支出与 GDP 之间的关系,以检验货币政策与财政政策的相对有效性。此外,代表性的还包括冯玉明等人(1999)和刘斌(2001)等人的研究。在为数不多的定量研究中,大多仍沿用 Granger 因果检验和 Choleski 方差分解等传统的研究方法,且较少在研究"货币渠道"与"信贷渠道"的基础上,对货币政策与财政政策的有效性进行比较分析。此外,目前我们对政策变量与实体经济部门的同期因果关系还缺乏清晰的认识,因此,本章尝试在现有研究的基础上做一个有益的补充,结合最新发展的"有向无环图"(DAG)技术,考察我国货币-财政政策在长期和短期对私人投资的动态影响,在对政策工具是否引发挤出效应进一步讨论的基础上,对我国货币政策与财政政策在总需求管理中的有效性进行比较。在此研究过程中,本章结合新的理论发展,从货币政策影响私人投资的"货币渠道"、"信贷渠道"以及财政政策的直接作用机制等角度进行分析,并由此得出一些富有启示的结论。

8.4 最新发展的"有向无环图"分析方法

8.4.1 "有向无环图分析"分析方法的基本原理

Granger(1969)提出的 Granger 因果关系的定义是建立在事件发生时间的先后顺序,即"原因"总是发生在"结果"之前,而"结果"总是发生在"原因"之后。庞皓和陈述云(1999,p.43)在研究中也指出,"Granger 因果关系的真实含义是时间上的'先于'关系,而并不是通常意义的因果关系。"最近,Spirtes 等人(1993)和 Pearl(1995,2000)提出了"有向无环图"(directed acyclic graphs,DAG),以考察变量间与时间次序无关的因果关系。下面对 DAG 技术进行简要说明。[①]

假设事件"X"是引起事件"Y"发生的原因,同时"X"也是

[①] 有关 DAG 技术的相关细节可参阅 Spirtes 等人(1993)和 Pearl(1995,2000)。

引起事件"Z"发生的原因,由于"X"是"Y"和"Z"发生的共同原因,因此,"Y"和"Z"的相关系数非0,而当以"X"为条件,"Y"和"Z"两者的偏相关系数则为0;类似地,假设事件"Y"是引起事件"X"发生的原因,同时"Z"也是引起事件"X"发生的原因,这样,"Y"和"Z"的相关系数为0,而当以"X"为条件,"Y"和"Z"两者的偏相关系数则非0。

"有向无环图"(directed acyclic graphs,DAG),即用图形的形式来表示变量间因果关系的依赖性和指向性,具体来说,就是依据分析所得的相关系数及偏相关系数,对变量之间的同期因果关系进行识别。它是由代表变量的节点以及连接这些节点"有向边"构成的,如果两个节点间有"有向边"相连,则表明变量之间存在着同期因果关系;反之,如果两者之间没有"有向边"连接则表示两者之间相互独立。具体来说,"Y→X"表示当其他变量保持不变,"Y"的变化将直接导致"X"的变化,即存在着由"Y"到"X"的单向因果关系;"Y↔X"则表示两者存在着双向的因果关系;"Y-X"表示"Y"与"X"之间存在着同期因果关系,但因果关系的指向性还未明确;"Y X"则表示两者为(条件)独立关系。无环图则表示图形中不会出现有向回路。

在实际分析中,运用 Spirtes 等人(1993)提出的 PC 算法,我们可用 DAG 直观地描绘出变量间的同期因果关系。这一算法从"无向完全图"(undirected complete graph)[①]出发,首先分析变量间的(无条件)相关系数,当相关系数为0,则将表示因果关系

---

① 在"无向完全图"中,各个变量均与其他变量有着无方向的连线,以表示各变量之间可能存在的同期因果关系。

的连线移去;在对所有的(无条件)相关系数分析完成后,便接着分析1阶偏相关系数。同样,当变量间的偏相关系数为0,则移去两者间的连线;类似地,在分析完1阶偏相关系数,则继续分析2阶偏相关系数、3阶偏相关系数……对于N个变量,这一算法将持续分析到N-2阶的偏相关系数。同时,在应用分析中,为了检验偏相关系数是否为0,与Spirtes等人(1993)等研究的结论相一致,我们采用了Fisher z 统计检验量,具体的表达形式如下:

$$z\left[\rho(i,j|k)n\right] = 1/2(n-|k|-3)^{1/2} \times \ln\left\{\left[\left|1+\rho(i,j|k)\right|\right] \times \left[\left|1-\rho(i,j|k)\right|\right]^{-1}\right\} \quad (8-1)$$

其中,n 是估计相关系数的可观测值数目,$\rho(i,j|k)$ 表示以 k 个变量为条件、变量 i 和 j 的偏相关系数。$|k|$ 表示条件变量的数目,令 $r(i,j|k)$ 为样本相关系数,如果变量 i、j 和 k 满足正态分布,则 $z\left[\rho(i,j|k)n\right] - z\left[r(i,j|k)n\right]$ 遵从标准正态分布。

在相关系数分析的基础上,可依据以下分析进一步识别变量间因果关系的方向。同时,为了讨论上的方便,在分析过程中我们采用了"相邻"(adjacent)和"隔离集"(supset)这两个概念,其定义如下:在完全图中,X 与 Y 间有边相连时,则称 X 和 Y 是相邻的;X 与 Y 的隔离集是指使 X 与 Y 的偏相关系数为0的条件变量的集合,如 $\rho(X,Y|K)=0$,则称 K 属于 X 与 Y 的隔离集。[①] 因此,当变量 X、Y 和 Z 之间的关系为 X-Y-Z 时,即 X 与 Y 相邻,Y 与

---

① 有关"相邻"(adjacent)和"隔离集"(supset)这两个概念的进一步说明与应用,有兴趣的读者也可参阅 Awokuse 和 Bessler(2003)。

Z 相邻，而 X 与 Z 不相邻，如果已知 Y 不属于 X 与 Z 的隔离集，依据前面的分析，我们可进一步推断出 X、Y 和 Z 三者的同期因果关系应为 X→Y←Z[①]；如果 X→Y，Y 和 Z 相邻，而 X 与 Z 不相邻，且 Y 和 Z 之间的有向边并无指向 Y，这样我们可推断 Y 和 Z 两者的同期关系应为 Y→Z。

8.4.2 "有向无环图分析"分析方法的小样本性质

Spirtes 等人（1993）对 DAG 分析的小样本性质进行研究表明，当样本数据较小（如小于 200 个观察值）时，DAG 分析可能忽略模型中某些变量间的同期因果关系，因此，他认为，"在小样本的情形下，采用较高的显著水平系数（如当样本量小于 100 时，采用 0.2 的显著性水平系数），将改善 DAG 的分析效果（Spirtes et al.，1993，p.161）"，与此同时，Scheines 等人（1994）的研究也表明，DAG 分析存在一定程度的"低估"，因此在小样本的情形下提高显著性水平系数，将有助于进一步明确模型中

[①] 如果 X-Y-Z 的实际关系不为 X→Y←Z，那么 X-Y-Z 的关系则可能为（1）X←Y→Z 和（2）X←Y←Z（或 X→Y→Z）。假设三者的因果关系为 X←Y→Z，即"Y"是"X"和"Z"发生的共同原因，那么我们可推断出当以 Y 为条件变量，X 和 Z 的 1 阶条件相关系数为 0，即 $\rho(X,Z|Y)=0$，这样我们可知 Y 属于 X 和 Z 的隔离集，这与"Y 不属于 X 与 Z 的隔离集"的已知条件相矛盾，因此，关系（1）无法成立。类似地，假设三者的因果关系为 X←Y←Z（或 X→Y→Z），则同样意味着当以 Y 为条件变量，X 和 Z 的 1 阶条件相关系数为 0，这就表明 Y 属于 X 和 Z 的隔离集，从而与已知条件相矛盾，因此，关系（2）同样也无法成立。通过排除关系（1）与关系（2）成立的可能性，我们可以把三者的同期因果关系最终明确为 X→Y←Z。另外，有关同期因果关系方向的判别准则的详细阐述与说明，有兴趣的读者可参阅 Spirtes 等人（2000）、Haigh 和 Bessler（2004）以及 Yang 等人（2006）等研究。

变量间的同期因果关系。因此,在实际检验中,当我们对小样本进行 DAG 分析,而在传统的显著性水平下变量间的因果关系还相对模糊时(如变量间因果关系的指向性尚未清晰),此时可进一步提高显著性水平以进一步明确变量间的因果关系。例如 Awokuse 和 Bessler(2003)使用 127 个季度观察值对美国的产出、投资、货币和就业等 6 个变量进行 DAG 分析时,为了进一步明确"就业"与"投资"等变量间的因果关系指向性,而把显著性水平从传统的 10% 提高到 30%,从而获得一个较为合理的分析结果。

此外,为了保证结论的可靠性,本章将采用似然比率检验(Sims,1986)进行过度识别检验,以对 DAG 分析的结果做进一步的检验。似然比率检验是用来检验可观察扰动项(e_t)与正交扰动项(v_t)之间的约束关系,原假设为过度约束是"真",检验统计量为 $2[\log(\det(\Omega))-\log(\det(\Sigma))]T$ [①],Sims(1986)研究表明,该检验统计量满足自由度为 $((n(n-1)/2)-m)$ 的 χ^2 分布,其中 n 为 VAR 模型中变量的个数,m 为过度约束的个数。

8.4.3 数据说明

与周英章和蒋振声(2002)等人的研究相类似,本章以货币供应量 M_2 作为我国货币政策传导的"货币渠道"的代表变量,而以金融机构的各项贷款余额 CR 作为我国货币政策传导的

[①] 具体推导及相关细节详见 Sims(1986)。

"信贷渠道"的代表变量;同时,本章选用财政支出总额 GE 作为财政政策的代表变量。为了检验政策工具在需求管理中的有效性,本章以私人投资作为实体经济部门的代表变量。由于在目前正式公布的统计资料中,暂无私人投资的官方数据,因此,与廖楚晖等人(2005)的研究相一致,按照投资资金来源分类,我们把国内贷款、自筹资金、利用外资以及其他资金的合计作为私人投资 INV 的代表变量。

本章的样本区间为1991第1季度—2006年第1季度,各变量均为季度数据,数据来源于中经网以及相关各期的《中国统计年鉴》和《中国经济景气月报》;各实际变量均由各名义变量经居民消费物价的季度定基指数 CI 平减后获得。由于我国尚未公布 CI 数据,因此本章利用我国公布的消费物价的月同期比指数和环比指数构造我国居民消费物价的季度定基比指数(基年为2001年)。同时,考虑到数据中强烈的季节因素,各序列均采用 X11 的方法进行季节调整,并进行对数变换。

8.5 协整分析

8.5.1 单位根检验

为了保证结论的稳健性,本章分别采用 ADF 和 PP 的方法对各变量进行单位根检验,由表 8-1 可知,当我们对各个时间序列的水平值进行检验时,检验结果均表明不能拒绝"存在单位根"的原假设;而当对各个时间序列的一阶差分进行检验时,检验结果则显著地拒绝"存在单位根"的原假设。由此,我们可断定各个时间序列均为非平稳的 I(1) 过程。

表 8-1 单位根检验

变量	ADF 检验	5%显著水平上的临界值	PP 检验	5%显著水平上的临界值
INV	-0.076	-2.913	-0.075	-2.911
ΔINV	-8.243***	-2.913	-30.357***	-2.912
GE	1.852	-2.914	0.002	-2.911
ΔGE	-10.571***	-2.914	-16.255**	-2.912
M_2	-0.252	-2.915	-0.711	-2.911
ΔM_2	-3.359**	-2.992	-8.778***	-2.912
CR	-0.529	-2.911	-0.524	-2.911
ΔCR	-6.394***	-2.912	-6.395***	-2.912

注:1.变量前加"Δ"表示对变量做一阶差分。
2.检验形式为带常数项形式。
3. ADF 检验中的最优滞后阶数根据 SIC 信息准则选择;PP 检验中带宽的选择则采用 Newey-West(1994)选择的方法。
4. ***、** 及 * 分别表示在 1%、5% 及 10% 显著性水平上拒绝有单位根的原假设。

8.5.2 Johansen 协整检验

令误差修正模型(ECM)表达如下:

$$\Delta X_t = \Pi X_{t-1} + \sum_{i=1}^{k} \Gamma_i \Delta X_{t-i} + \mu + e_t, \ t=1,\cdots,T \qquad (8-2)$$

其中,X_t 是 $(n \times 1)$ 向量单位根过程,Δ 表示一阶差分,μ 是截距向量矩阵,$\Gamma_i(i=1,2,\cdots,k)$为Π系数矩阵,参数矩阵Π包含着n个变量长期关系的信息。模型(8-2)因Π的不同而有着不同的表达形式:(a)当Π是满秩时,X_t为水平平稳,因此,水平 VAR 为其正确的表达形式;(b)当Π的秩为0时,非平稳变量之间不存在长期关系,因此,一阶差分 VAR 为其正确的模型形式;(c)当Π的秩大于0而小于k时,则非平稳变量之间存在着协整关系,且存在着调整系数矩阵α和协整系数矩阵β使$\Pi=\alpha\beta'$。

在单位根检验的基础上,本章依据 SC 信息准则选定水平 VAR 的最优滞后阶数,并进行协整检验,以检验各个非平稳时间序列之间是否存在着协整关系,检验结果列于表8-2。

表8-2 Johansen 协整检验

零假设:协整向量的数目	特征值	迹统计量	迹检验5%临界值	10%临界值	最大特征值检验	最大特征值检验5%临界值	10%临界值
0	0.337	43.089	47.856	44.494	24.205	27.584	25.124
至多1个	0.173	18.885	29.797	27.067	11.192	21.132	18.893
至多2个	0.122	7.693	15.495	13.429	7.693	14.265	12.297
至多3个	0.000	0.000	3.841	2.706	0.000	3.841	2.706

注:VAR 的最优滞后阶数基于 SC 信息准则选定。

由表8-2可知,无论是迹检验还是最大特征值检验,检验结果均表明在5%(以及10%)的显著水平下,我们无法拒绝"协整向量个数为0"的原假设,因此,各变量之间不存在协整关系,这同时也意味着,一阶差分 VAR[即模型(8-2)的(b)情况]是刻画各变量关系的正确的模型形式。

8.6 政策变量与私人投资同期因果关系的DAG分析

通过对一阶差分VAR模型进行正确的估计①,我们可得到以下各变量之间的"扰动相关系数矩阵"(innovation correlation matrix):

$$V = \begin{bmatrix} 1 & & & \\ 0.286 & 1 & & \\ 0.208 & 0.182 & 1 & \\ -0.236 & 0.106 & 0.178 & 1 \end{bmatrix}$$

注:下三角矩阵的元素按以下顺序排列:ΔX_1 为 ΔINV,ΔX_2 为 ΔGE,ΔX_3 为 ΔX_2,ΔX_4 为 ΔCR。

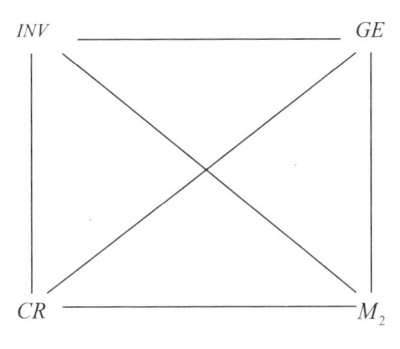

图 8-1A　无向完全图

---

① 为了节省空间,在这里并没有报道出完整的估计结果,有兴趣的读者可向作者索取。

```
INV ─────────────────── GE
 │
 │
 │
 │
CR                       M₂
```

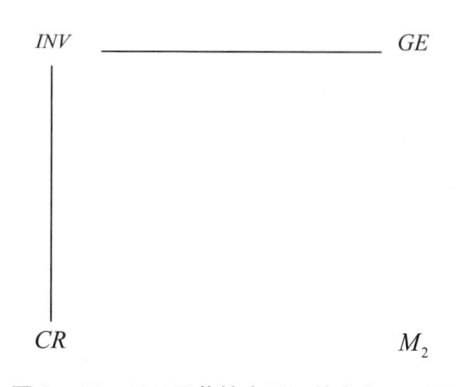

图 8-1B　10%显著性水平下的有向无环图

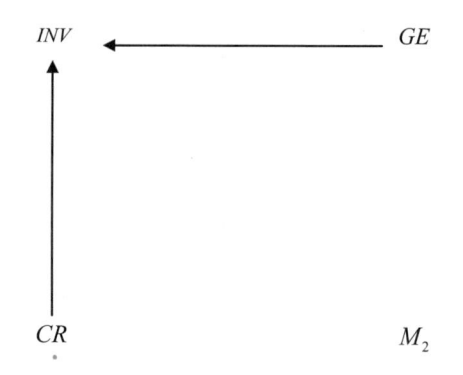

```
INV ◄─────────────────── GE
 ▲
 │
 │
 │
CR                       M₂
```

图 8-1C　20%显著性水平下的有向无环图

图 8-1　同期因果关系的 DAG 分析

接着,我们以"扰动相关系数矩阵"为出发点,对变量之间的同期因果关系进行 DAG 分析,DAG 分析的结果也将是我们对 SVAR 进行识别,并展开方差分解分析的重要前提。首先,我们画出"无向完全图",如图 8-1A 所示,各个变量均与其他变量有着无方向的连线,以表示各变量之间可能存在的同期因果关系。接着,我们运用软件 TETRAD Ⅱ(Scheines et al.,

1994),利用其已设计好的 PC 算法(algorithm),通过"扰动相关系数矩阵"对各变量之间的无条件相关系数及偏相关系数(条件相关系数)进行分析,以得出各变量间同期因果关系的依赖性以及因果关系的指向性。在无条件相关系数的分析中,GE 与 CR 的相关系数为 0.11,其对应的显著性 P 值却高达0.43,因此,在 10% 的显著性水平下,我们可认为 GE 与 CR 扰动项为同期独立关系,这样,我们便可把表示 GE 与 CR 同期因果关系的连线移去。类似地,通过对无条件相关系数及偏相关系数分析,我们可知,GE 与 M_2、INV 与 M_2、M_2 与 CR 均不存在同期因果关系。因此,我们又可进一步地把 GE 与 M_2、INV 与 M_2 以及 M_2 与 CR 之间表示因果关系的连线移去,这样按照以上的分析,在 10% 的显著性水平下,通过移去所有非显著的连线,因果关系图可进一步明确为图 8-1B。依据图 8-1B 所示,我们可知,财政支出(GE)与私人投资(INV)、信贷变量(CR)与私人投资(INV)之间均存在着同期因果关系,然而在10% 的显著性水平下,同期因果关系的指向性尚未进一步明确。同时,由于受限于可获得的宏观变量的时间跨度,本章实际分析的为 60 个样本数据,依据 Spirtes 等人(1993)和 Scheines 等人(1994)对 DAG 的小样本性质的研究,我们可知在小样本的情形下,采用较高的显著水平系数(如当样本量小于 100 时,采用 0.2 的显著水平系数),将有助于进一步明确模型中变量间的同期因果关系。因此,与 Awokuse 和 Bessler(2003)研究相类似,我们把显著性水平适当放宽为 20%,以期进一步明确财政支出(GE)与私人投资(INV)、信贷变量

(CR)与私人投资(INV)之间同期因果关系的方向。在20%的显著性水平下,我们首先进行相关系数检验。同样,由于GE与CR的相关系数显著性P值高达0.43,因此,我们可把表示GE与CR同期因果关系的连线移去;而在条件相关系数的分析中,当以INV扰动为条件,可得GE与M_2扰动项的偏相关系数为0.13,且显著性P值为0.33,因此,在20%的显著性水平下,我们可认为GE与M_2为条件同期独立关系(condionally independent in contemporaneout time),这样,我们便可把表示GE与M_2同期因果关系的连线移去;在类似的偏相关系数分析中,当以GE扰动为条件,可得$\rho(M_2,CR|GE)=0.16$,且对应的显著性p值为0.22,由此我们判断出M_2和CR之间不存在同期因果关系。同样,由于偏相关系数$\rho(INV,M_2|GE)$的显著性为0.21,因此,我们可认为INV与M_2之间不存在同期因果关系,而把两者之间的连线移去,于是在无向完全图中只有GE与INV以及INV与CR之间存在着表示因果关系的连线,即GE-INV-CR,这样GE与INV"相邻"(adjacent),INV与CR"相邻",而GE与CR"不相邻",且INV不属于GE与CR的"隔离集"(supset),因此,依据前面的推断原则(详见"方法介绍"),我们可进一步推断出GE、INV和CR三者的同期因果关系应为$GE \rightarrow INV \leftarrow CR$,这样,通过以上的分析,我们可把各变量的同期因果关系及其方向最终明确为图8-1C。

尽管在小样本的情形下,通过适当放宽显著性水平以进一步清晰地识别变量间的同期因果关系,这不失为一条有效且合理的途径,但为了保证结论的可靠性,我们采用似然比率检验(Sims,1986)进行过度识别检验,以对 DAG 分析的结果做进一步的检验。检验结果显示,当我们假定存在着由财政支出到私人投资以及信贷变量到私人投资的同期因果关系时,即 $GE \rightarrow IV \leftarrow CR$,这时检验结果[①]显示,LR 统计检验量在 10%(以及 5%)的显著水平下无法拒绝"过度约束是'真'"的原假设,这就充分地表明,通过 DAG 分析得出的存在着由财政支出到私人投资的同期因果关系以及由信贷变量到私人投资的同期因果关系的结论是合理的、有效的。这样,我们便可以 DAG 分析的结论为基础,对 VAR 扰动项进行结构性分解(识别 SVAR)并展开方差分解分析,以对私人投资、财政支出、货币供应量以及信贷相互之间的关系作进一步深入分析。

8.7 货币政策与财政政策对私人投资的动态影响及挤出效应的进一步讨论分析

在展开方差分解分析之前,我们首先进行多变量 Granger 因果检验,以作为检验变量间相互关系的先验分析,多变量 Granger 因果检验结果列于表 8-3。检验结果显示,在 10%的显著水平下,只有信贷变量对私人投资产生影响;关于财政支出,没有其他变量对其有显著影响;同时,我们还发现,存在着由财政支出到货币供应量的因果关系以及由信贷变量到货币供应量的因

---

① 有兴趣的读者可向作者索取完整的检验结果。

果关系。此外,检验表明,只有财政支出对信贷变量产生影响;而在5%的显著水平下,我们发现,关于私人投资以及财政支出,均没有其他变量对其产生影响,而只有财政支出对货币供应量有显著影响以及只存在由财政支出到信贷变量的因果关系。通过以上多变量Granger因果检验,我们可先验地大致认为,财政支出有着较强的外生性,并对货币供应量及信贷变量产生较为显著的影响。尽管Granger因果检验能够为我们的分析提供一定的参考依据,正如我们前面所指出的,由于没有考虑变量间的同期因果关系以及过分地关注变量间的统计显著性等方面,而使Granger因果检验存在着一定的局限性,相比较而言,预测方差分解分析由于考虑了"经济变量的经济显著性"(Sims,1980;Abdullah和Rangazas,1988)而更能成为我们可靠的分析工具。

表8-3 多变量Granger因果检验

被解释变量	检验统计量(显著性)			
	INV	GE	M_2	CR
INV	7.05***	0.91	1.97	3.19*
	[0.01]	[0.35]	[0.17]	[0.08]
GE	0.93	19.83***	0.44	0.91
	[0.34]	[0.00]	[0.51]	[0.35]
M_2	0.03	18.78***	0.02	3.09*
	[0.87]	[0.00]	[0.88]	[0.08]
CR	0.49	4.73**	1.25	1.99
	[0.49]	[0.03]	[0.27]	[0.16]

注:1.检验统计量为F检验统计量,中括号里的值为P值。
  2.***、**及*分别表示通过1%、5%及10%的显著性水平检验。

通过 DAG 分析得出关于各变量间的同期因果关系,在此基础上,我们接着对 SVAR 进行识别并展开方差分解分析,结果列于表 8-4。方差分解分析的结论与多变量 Granger 因果检验的结果较为一致,同时,方差分解也为我们的分析提供了更加丰富的信息。

方差分解的结果显示,从第 2 个季度开始,私人投资的波动有近 15% 是由金融机构各项贷款的冲击引起的,而货币供应量的解释程度却仅为 3% 左右,这就表明相比较"货币渠道"而言,"信贷渠道"仍是我国现阶段货币政策的主要传导途径,这与周英章等(2002)和宋立(2002)等人的研究结果相一致。与此同时,无论是短期还是长期,货币供应量的变化对信贷规模的影响并不大,只解释了贷款变动的 2% 左右,因此,货币的增加并不一定导致信贷规模的扩大,即 $M_2 \not\Rightarrow CR$,这就意味着由货币到信贷传导环节的断裂,使得货币当局试图结合货币供应量调控信贷规模进而影响私人投资的"信贷渠道"存在着很大的政策局限性。

一方面,信贷变量对经济实体部门(私人投资)影响巨大则表明"信贷渠道"在我国货币政策传导中发挥着主导作用,这主要是由于我国资本市场发展相对滞后,各类企业对银行贷款依存度较高,银行贷款在企业融资构成中仍占绝对比重;另一方面,货币供应量的变化对信贷规模的影响不大,则表明在我国"信贷渠道"在货币政策传导中存在着较大的局限性,这种局限性尤其体现在 1998 年以来我国通过适当增加货币供应量以期放松银根、刺激内需并出台了一系列支持经济增长的信贷政策,如扩大了对中小企业贷款利率的浮动幅度、允许基础设施建设以收费权或收益权为质押向商业银行贷款等,但从政策的执行效果来看,各商业银行贷款增长缓慢,中小企业融资难、贷款难的问题仍然十分普遍,中央银行结合货币供应量调控信贷规模未能达到预期效果。这种局限性的存在主要是由于在货币需求与供给的动态博弈中金融体系的不完善、信息的不对称使银行在贷款的风险与收益的衡量中产生了"惜贷"行为,特别是抑制了银行对中小企业的贷款发放,这样就使即使在货币供应量大幅增加的前提下也未能有效推动信贷规模的上升,从而体现为以货币供应量为中介目标的中央银行对商业银行的信贷行为难以进行有效调控。

财政支出的波动绝大部分可由它自身的扰动来解释,其比例从96.6%到97.7%,与其形成鲜明对比的是,货币供应量的波动除了归因自身的冲击之外,还有相当大比重可由财政支出的波动来解释,其比例从24.1%到29.1%不等。因此,从货币政策与财政政策的相互影响关系来看,财政具有较强的外生性(独立性),而货币政策则在更大程度上被动适应于财政政策。这是因为在1995年之前我国中央财政向央行进行直接透支,虽然1995年颁布实施的《人民银行法》要求中央财政赤字不得再向中央银行透支,但仍存在着"隐性的变相透支"(周小川,2003),而且通过国债融资弥补财政赤字的方式同样间接或直接影响着货币供应量。因此,无论是赤字货币化还是债务货币化都将导致货币政策处于从属地位并被动适应于财政政策,这与李义超等人(2002)的结论相一致。

方差分解的结果显示,私人投资的变动有相当大的比重由财政支出的冲击解释,在中长期其解释比重高达16%左右,结合前面关于货币传导机制的比较,我们可知,从货币政策与财政政策对实体经济部门(私人投资)的影响程度来看,财政政策比货币政策更具有效性。这是因为政府通过财政支出进行的基础设施建设(如交通、能源、通信等的建设),改善了民间投资的外部环境,与私人投资成"互补"关系,从而在很大程度上直接挤入了私人投资,特别是1998年以来,我国通过发行长期建设国债、扩大政府消费支出、调整支出结构等措施鼓励和扩大私人投资,取得了积极的成效。同时结合曾令华(2000)和刘溶沧等人(2001)的研究,我们可知财政支出并非真实利率上升的潜在因素,而公共支出也并无"挤出"私人投资,因此,90年代以来我国的财政政策对私人投资有着巨大影响作用。相比较而言,货币政策缺乏相对独立性而使得政策执行效果大打折扣,而且"信贷渠道"自身存在的局限性更是极大地削弱了货币政策对私人投资的影响力度[1]。与此同时,利率机制僵化以及我国资本市场发展的相对滞后,也使"利率途径"和"资产价格途径"等传统的"货币渠道"难以发挥有效作用,因此,以"货币供应量"为中介目标的货币政策对私人投资等实体经济影响乏力。财政政策具有相对有效性的结论与Ansari(1996)对印度以及Owoye和Onafowora(1994)对坦桑尼亚等五个非洲国家的研究结果相一致。

---

[1] 郭晔(2000,p.56)在研究中指出,"既然我国信贷传导途径是货币政策传导的主机制,那么信贷传导途径的任何'瑕疵'都直接导致货币政策的实施效应弱化";而周英章等(2002,p.42)也认为,"信用渠道在我国的货币政策传导中居主导地位,但其所存在的传导障碍也在很大程度上制约了我国扩张性货币政策的有效性。"

表 8-4　基于"有向无环图"(DAG)的预测方差分解

预测期(季度)	INV	GE	M_2	CR
私人投资的预测方差分解				
1	83.161	9.708	0.000	7.131
2	71.335	11.593	2.638	14.434
8	65.926	15.812	3.465	14.796
12	65.917	15.824	3.465	14.794
20	65.917	15.824	3.465	14.794
财政支出的预测方差分解				
1	0.000	100.000	0.000	0.000
2	1.003	97.654	0.586	0.757
8	2.024	96.590	0.690	0.695
12	2.027	96.588	0.690	0.695
20	2.027	96.588	0.690	0.695
货币供应量的预测方差分解				
1	0.000	0.000	100.000	0.000
2	0.027	24.062	71.318	4.592
8	0.346	29.078	66.270	4.306
12	0.348	29.082	66.264	4.306
20	0.348	29.082	66.264	4.306
信贷的预测方差分解				
1	0.000	0.000	0.000	100.000
2	0.627	5.972	1.967	91.434
8	0.891	6.024	2.123	90.962
12	0.891	6.024	2.123	90.961
20	0.891	6.024	2.123	90.961

注:该方差分解分析是基于 DAG 分析的结果(即图(8-1C))。

尽管 DAG 技术在对经济问题的应用分析中并不多见,但它有助于我们对变量间同期因果关系的了解,此外更重要的是,对同期因果关系的识别也为我们客观地对 VAR 的扰动项进行结构性分解创造先决前提,进而增强了分析框架的有效性与合理性,因此,DAG 技术越来越受到广泛的关注。现在我们与传统的 Choleski 方差分解的结论做对比分析,以进一步阐述 DAG 技术应用的合理性和必要性。在表 8-5,我们列出两种基于不同排列次序(order)Choleski 方差分解的结果,其中(a)表示按照 M_2、INV、CR 以及 GE 的次序进行 Choleski 方差分解,而(b)则表示按照 GE、CR、INV 和 M_2 的次序进行 Choleski 方差分解。

由表 8-5 可知,当按照(a)次序进行 Choleski 方差分解,结果表明,只有货币供应量对私人投资有着决定性的影响,其中私人投资的波动仅有 4% 可归因于财政支出的冲击,而信贷变量也只解释了其中的 4% 左右,相比较而言货币供应量则解释了 9% 左右的投资变动。而在对财政支出进行方差分解分析中,我们发现私人投资与货币供应量对财政支出产生一定程度的影响,从而表明财政政策不具完全的独立性。此外,私人投资对信贷也有着较大的影响。而当我们按照(b)次序进行方差分解,结果则表明,财政支出与信贷变量对私人投资有着决定性影响,其中财政支出与信贷变量分别解释了投资变动的 15% 和 13% 左右,货币供应量仅解释了 3% 左右;而在对财政支出进行方差分解分析中我们发现,财政支出波动的绝大部分(约 97%)可归因于自身的扰动,因此,财政政策具有较强的独立性。此外,结果还显示,私人投资与货币供应量对信贷变量影响不大。由以上的对比分析,我们可知传统 Choleski 方差分解的结果并不稳健,当变量间存在着同期相关关系时,基于不同排序的结论有着迥异的变化(Sims,1986);而 DAG 技术的应用则通过分析变量间的同期因果关系,为我们对 VAR 扰动项进行结构性分解提供了"基于数据"(data-determined)的客观依据,从而避免了类似 Choleski 方差分解的主观局限性。

表 8-5　基于不同排序的 Choleski 预测方差分解

排序	预测期(季度)	INV	GE	M_2	CR
私人投资的预测方差分解					
(a)	1	95.658	0.000	4.342	0.000
(b)	1	84.656	8.166	0.000	7.178
(a)	2	87.686	1.067	7.610	3.637
(b)	2	74.312	10.339	2.390	12.959
(a)	8	82.730	4.605	8.918	3.747
(b)	8	68.931	14.922	3.130	13.017
(a)	12	82.715	4.622	8.917	3.747
(b)	12	68.921	14.935	3.129	13.015
(a)	20	82.715	4.622	8.917	3.747
(b)	20	68.921	14.935	3.129	13.015
财政支出的预测方差分解					
(a)	1	6.419	87.914	3.321	2.346
(b)	1	0.000	100.000	0.000	0.000
(a)	2	5.123	88.928	4.089	1.860
(b)	2	0.700	98.222	0.525	0.553
(a)	8	4.606	89.548	4.166	1.681
(b)	8	1.587	97.294	0.617	0.501
(a)	12	4.607	89.547	4.166	1.681

续表

(b)	12	1.590	97.291	0.617	0.502
(a)	20	4.607	89.547	4.166	1.681
(b)	20	1.590	97.291	0.617	0.502
货币供应量的预测方差分解					
(a)	1	0.000	0.000	100.000	0.000
(b)	1	4.673	3.321	89.476	2.530
(a)	2	4.052	21.183	73.205	1.561
(b)	2	3.431	24.560	65.392	6.617
(a)	8	3.808	26.501	68.241	1.451
(b)	8	3.356	30.096	60.437	6.110
(a)	12	3.808	26.506	68.235	1.451
(b)	12	3.359	30.100	60.431	6.110
(a)	20	3.808	26.506	68.234	1.451
(b)	20	3.359	30.100	60.431	6.110
信贷的预测方差分解					
(a)	1	7.794	0.000	3.151	89.056
(b)	1	0.000	1.127	0.000	98.873
(a)	2	7.109	6.530	4.850	81.510
(b)	2	1.208	5.097	1.774	91.921
(a)	8	7.429	6.634	4.994	80.943
(b)	8	1.417	5.154	1.915	91.514
(a)	12	7.429	6.634	4.994	80.942
(b)	12	1.417	5.154	1.915	91.514
(a)	20	7.429	6.634	4.994	80.942
(b)	20	1.417	5.154	1.915	91.514

注：(a)表示按照 M_2、INV、CR 以及 GE 的排序进行 Choleski 分解的结果，(b)则表示按照 GE、CR、INV 和 M_2 的排序进行 Choleski 分解的结果。

8.8 稳健性检验——基于递归的预测方差分解分析

为了检验以上通过 DAG 识别 SVAR 而得出的结论是否稳健,本章进行递归的预测方差分解分析,在递归分析过程中本章以 1991 第 1 季度—1997 第 4 季度为基期,即首先对 1991 第 1 季度—1998 第 1 季度的样本期进行第一次方差分解,再对 1991 第 1 季度—1998 第 2 季度的样本期进行第二次方差分解,依次类推,直至到对 1991 第 1 季度—2006 第 1 季度的样本期进行方差分解,并分别把第 20 个预测期的结果列于图 8-2a 至图 8-2d,同时需要说明的是,该方差分解分析仍是基于 DAG 而进行的。由图 8-2a 可知,当我们对私人投资进行递归的预测方差分解分析时,在绝大多数递归期内,财政支出对私人投资的变动影响均在 15% 以上。与此同时,信贷变量对私人投资变动的影响也在 14% 以上,而货币供应量对私人投资的影响很小,基本稳定在 3% 左右,这就充分地表明在递归期内,财政政策由于"挤入效应"而对私人投资等实体经济部门具有较强的影响力度,而"信贷渠道"是货币政策传导的主要途径。当我们对财政支出进行递归的预测方差分解分析时,由图 8-2b 可知,在递归期内私人投资、货币供应量和信贷变量对财政支出的影响均很小,财政政策具有相对的独立性(外生性)。图 8-2c 的递归分析则表明货币供应量的变动有相当大的比重(29% 以上)可归因于财政支出的冲击,这表明货币政策在很大程度上适应于财政政策。最后,图 8-2d 的递归分析则显示,货币供应量对信贷变量的影响程度不大,只维持在3%左右。由以上的递归分析我们可知基于不同样本期的结果并不改变,因此,本章的结论是稳健的。

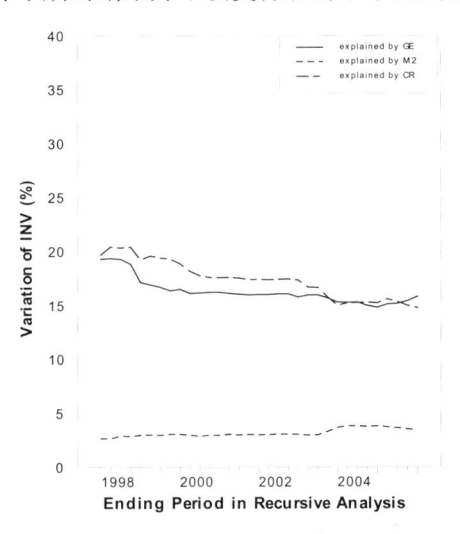

图8-2a 私人投资的递归预测方差分解(基于DAG)

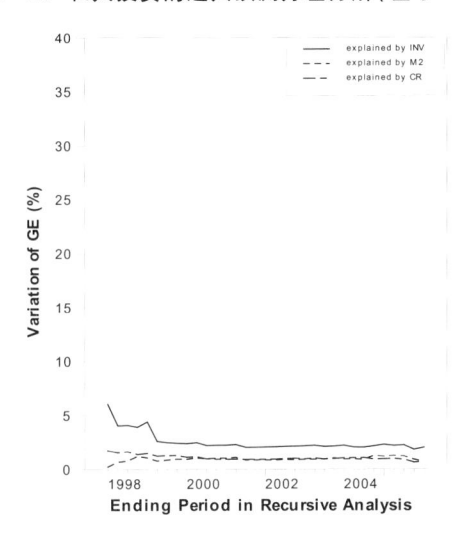

图8-2b 财政支出的递归预测方差分解(基于DAG)

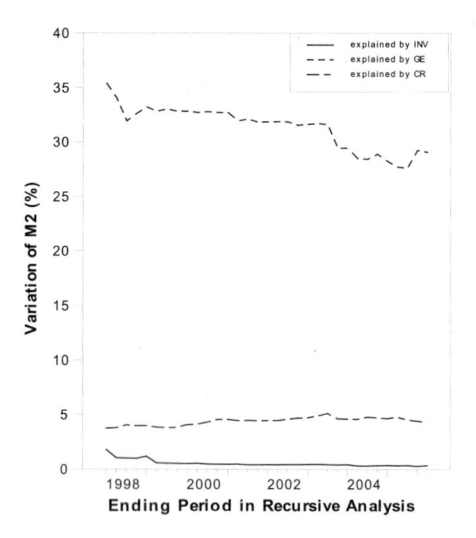

图 8-2c 货币供应的递归预测方差分解(基于 DAG)

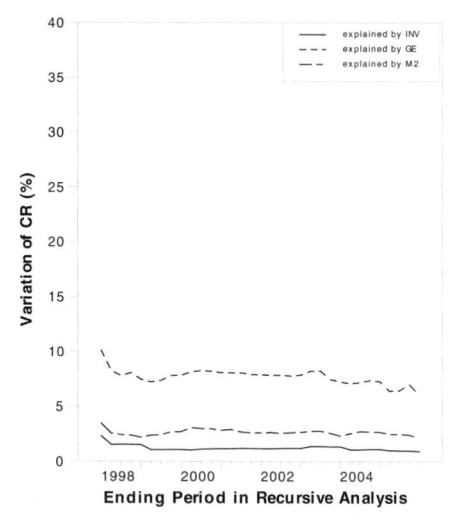

图 8-2d 信贷变量的递归预测方差分解(基于 DAG)

8.9 本章小结

本章基于最新发展的DAG(有向无环图)技术,结合我国实际经济条件考察了货币-财政政策与私人投资在长短期的动态关系,在此过程中,分析政策工具对私人投资的挤出或挤入效应,并对在货币政策与财政政策这两种政策工具在总需求管理中的有效性进行比较,从而为我国未来宏观调控政策的选择与安排提供理论分析和实证检验的参考依据。

与前期的研究相比,最新发展的DAG技术的应用,为我们提供了一个基于数据(data-determined)的客观分析平台,它不仅增进了我们对政策变量与实体经济部门"同期因果关系"的理解,而且克服了Granger因果检验等传统研究方法的局限性,进而在很大程度上增强了本章分析框架的有效性与合理性。

应用DAG技术研究表明,存在着由财政支出到私人投资以及由信贷变量到私人投资的同期因果关系。在此基础上,我们对VAR的扰动项进行结构性分解(识别SVAR),结合预测方差分解研究表明,"信贷渠道"仍是我国现阶段货币政策传导的主要途径,但由于货币到信贷传导环节的断裂($M_2 \not\Rightarrow CR$),使得"信贷渠道"自身存在着较大的政策局限性。

研究也表明,相比较货币政策而言,财政政策在影响实体经济方面具有相对的有效性,这是由于政府通过财政支出进行的基础设施建设(如交通、能源、通信等),改善了民间投资的外部环境，与私人投资成"互补"关系，从而在很大程度上直接挤入了私人投资。此外，由于财政支出并非真实利率上升的潜在因素，而公共支出在总体上并无"挤出"私人投资，因此，我国的财政政策对私人投资有着巨大影响作用。与此同时，货币政策缺乏相对的独立性、"信贷渠道"的自身局限性以及利率机制的僵化等造成了货币政策对私人投资等实体经济部门影响乏力。

此外，我们还发现，财政政策具有较强的独立性（外生性），原有的赤字货币融资以及现行的债务货币融资使货币政策处于从属地位，并被动适应着财政政策。

最后，递归的预测方差分解分析则表明，基于不同样本期的结果是稳健的，结论是可靠的。

第9章 结论与政策建议

9.1 研究结论

本书结合我国实际经济条件,考察政策工具对私人部门支出(私人投资与私人消费)是否产生的挤出或挤入效应。在此研究过程中本书运用最新发展的现代计量经济学方法,结合最新发展的理论模型,从各个崭新的角度进行全面、系统的阐述与分析,并由此得出富有启发意义的结论,现将其概括如下:

(1)关于国债融资是否挤出私人投资,研究发现,在不同经济条件下,国债融资对我国私人投资具有不同的效应。在1980—2003年总体样本时期内,国债融资在一定程度上减少民间的资金供给,挤出了私人投资。进一步分析显示,当经济有效需求不足、社会存在着大量闲置资金时,国债的发行并不对私人投资产生挤出效应,且在一定程度上拓展了财政支出的融资空间,增强了财政政策宏观调控的能力。实证结果同时显示,即使在国债产生挤出效应情况下,只要我们把国债资金进行以公共投资为主的经济建设,它的净效应依然为正。

（2）关于国债融资对私人消费的宏观效应,研究发现,公共债务对私人消费具有非线性的影响:即随着政府债务的扩大,理性个人由于对未来税负增加的预期而减少了现期消费,从而使政府消费与私人消费之间的互补程度逐步减弱。这就意味着对于通过大规模发行国债而实施的扩张性政策,我们必须加以审慎对待,债务规模的扩大可能导致私人消费的减少,从而引发挤出效应,并在一定程度上削弱了政府支出的乘数效应,进而降低了政策工具在需求管理中有效性。

（3）关于财政支出是否挤出私人投资,研究发现,我国政府的公共投资在提高私人资本边际产出的同时挤入了私人投资,社会文教费的支出则对私人投资有着负影响。

（4）关于货币政策对私人投资的影响,研究表明,扩张性政策在刺激总需求、促进投资时,最终都体现为货币购买力的增加,因此,货币的适度增加有利于促进私人投资的增长。此外,本书结合货币政策的不同传导途径做进一步的深入剖析。研究表明相比较"货币渠道"而言,"信贷渠道"仍是我国现阶段货币政策影响私人投资的主要传导途径,但由于货币到信贷传导环节的断裂,使"信贷渠道"自身存在着较大的政策局限性。

（5）由于货币政策缺乏相对的独立性、"信贷渠道"的自身局限性以及利率机制的僵化等原因而造成了货币政策对私人投资等实体经济部门影响乏力;相比较而言,由于政府通过财政支出进行的基础设施建设与私人投资成"互补"关系,从而在很大程度上直接挤入了私人投资。此外,由于财政支出并非真实利率上升的潜在因素,而公共支出在总体上并无"挤出"私人投资。因此,我国的财政政策对私人投资有着巨大影响作用,财政政策在总需求管理中更具有效性。

(6)关于我国财政支出是否挤出居民消费,本书研究发现,虽然政府与居民消费的期内替代关系在改革后进一步凸现,但由于居民消费的跨期替代弹性较大,改革后居民与政府消费仍保持着互补关系,财政支出挤入了居民消费。此外,本书还发现,1978年后我国政府与居民消费行为发生了结构性转变。关于财政支出是否挤出私人消费的国际研究,本书分析表明,在本书研究的样本国家和地区及时期内,总体上政府与私人消费成替代关系,而在对单位样本的比较分析中我们发现,韩国和斯里兰卡两国的政府消费与私人消费成显著的替代关系,政府消费支出在一定程度上挤出了私人消费,降低了乘数效应,与此同时,巴基斯坦、菲律宾、马来西亚、日本和印度这5个国家的政府与私人消费呈现出显著的互补关系,这就为各国未来财政政策的选择与安排进一步提供了参考依据。

(7)关于财政支出与私人消费关系的影响因素分析,本书结合非参数相关性检验研究表明,替代弹性与政府债务水平成正相关关系,而与政府规模以及国防支出比重等其他因素并无形成显著的相关关系。这就充分地表明,政府规模与国防支出比重等并非影响政府与私人消费关系的决定性因素,Karras(1994)以及Evan和Karras(1996)有关替代弹性与政府规模(国防支出比重)成正(负)相关关系的结论并不成立。

9.2 政策建议

在以上所获得的富有启示性结论的基础上,本书提出了现阶段完善我国货币政策、财政政策以及国债政策协调机制、增强宏观调控能力的政策建议,从而使得本研究具有重要的实际应用价值。现把相关的政策性建议概括如下:

(1) 政府不仅要在不同的经济条件下把握好国债融资的适当规模,更重要的是坚持好国债资金正确的使用方向。与此同时,对于通过大规模发行国债而实施的扩张性政策,我们也必须加以审慎对待,理性个人由于对未来税负增加的预期而减少了现期消费,从而引发挤出效应并在一定程度上削弱了政府支出的乘数效应,进而降低了政策工具在需求管理中的有效性。

(2) 现阶段我国政府与私人消费依然保持着互补关系,政府消费支出的增加有助于促进(挤进)私人消费,进而带动国民经济的发展,这就为现阶段我国政府通过实施扩张性财政政策来刺激消费、扩大内需提供了理论基础与检验依据。与此同时,我国现有的债务水平与国际公认的警戒水平相比仍有差距,因此,我国仍具备可控的国债融资空间,这就使得现阶段依靠赤字性财政政策来刺激消费、拉动内需仍然具有一定的政策操作空间。尽管如此,我们也必须对此时刻保持审慎态度,并在宏观调控中把握好国债融资的合理规模,防范过度扩张的债务规模"挫伤"财政政策刺激消费、促进经济增长的有效性。

(3)政府消费与私人消费所形成的特定的替代(互补或无关)关系,不仅取决于政府支出规模等某些特定因素,也取决于为弥补财政支出所采取的融资方式等因素。因此,现阶段只要我国政府在增大财政支出的同时,合理地把握好国债融资的适当规模,并通过实施结构性减税、扩大财政补贴规模等方式进一步提高城乡居民的收入,那么随着政府支出规模的不断增加,政府消费与私人消费的替代关系将不会由此而进一步凸现,而政府在宏观调控中促进消费、带动内需方面的作用也将不会由此而呈现减弱态势。

(4)本书研究表明货币的适度增加有利于促进私人投资的增长,然而,结合目前局部投资过热,我们必须保持货币供应量的健康、稳定的增长,在较好地满足了经济增长需求的同时,防止因货币过度扩张、投资过热而招致的通货膨胀,使私人投资达到预期的效应。

(5)本书研究表明货币政策对私人投资等实体经济部门影响乏力,因此,要增强货币政策对私人投资调控的有效性,就必须续接传导过程中由货币到信贷的断裂环节,以消除"信贷渠道"的传导障碍;同时,深化金融体制改革以疏通传统"货币渠道"以及加强央行的独立性都有助于提高货币政策的宏观调控效果。

(6)当我们分析财政政策特别是赤字性财政政策对经济增长的影响时,我们必须对各项经常性支出和资本性支出加以区别对待,如果大规模减少公共投资支出,在长期可能将影响私人投资的健康增长,特别是在内需不足、非理性投资热潮退却(如房地产市场投资泡沫破灭)的情形下,大规模减少公共投资而对私人投资造成的影响可能将进一步凸现。

(7)现阶段扩大内需的关键在于通过完善个人信贷业务以及完善社会保障制度等措施减少个人所面临的流动性约束和不确定性,从而降低居民消费跨期替代弹性、促进当期消费;同时,我们不能过度依赖扩张性财政政策,因为随着跨期替代弹性的下降以及期内替代弹性上升,政府与居民消费将由互补过渡为替代关系。

参考文献

中文文献

1. 曾令华:"近年来的财政扩张是否有挤出效应",《经济研究》2000年第3期。
2. 陈彩虹:"政府消费支出与扩大支出",《财政研究》1999年第8期。
3. 陈创练、杨子晖:"'泰勒规则'、资本流动与汇率波动研究",《金融研究》2012年第11期。
4. 陈浪南、杨子晖:"中国政府支出和融资对私人投资挤出效应的经验研究",《世界经济》2007年第1期。
5. 戴国晨:《积极财政政策与宏观经济调控》,人民出版社2003年版。
6. 董秀良、郝淑媛:"我国财政政策冲击的动态效应分析",《当代经济研究》2005年第9期。
7. 董秀良、薛丰慧、吴仁水:"我国财政支出对私人投资影响的实证分析",《当代经济研究》2006年第5期。
8. 〔美〕多恩布什、费希尔:《宏观经济学》,中国人民大学出版社1997年版。
9. 樊纲:《财政扩张仍需加强》,《全国扩大内需与经济增长研讨会会议资料》,1999年。

10. 冯玉明、张志强、俞自由："中国货币政策和财政政策相对有效性的实证研究"，《预测》1999年第1期。

11. 高铁梅、李晓芳、赵昕东："我国财政政策乘数效应的动态分析"，《财贸经济》2002年第2期。

12. 顾六宝、肖红叶："中国消费跨期替代弹性的两种统计估算方法"，《统计研究》2004年第9期。

13. 郭庆旺、吕冰洋、何乘材："李嘉图等价定理的实证分析：协整方法"，《财经研究》2003年第9期。

14. 郭晔："货币政策信贷传导途径的最新争论及其启示"，《经济学动态》2000年第7期。

15. 胡书东："中国财政支出和民间消费需求之间的关系"，《中国社会科学》2002年第6期。

16. 黄亭亭、杨伟："衰退时期的财政政策效应：政府投资转向与民间投资成长"，《金融研究》2010年第3期。

17. 李广众："政府支出与居民消费：替代还是互补"，《世界经济》2005年第5期。

18. 李义超、周英章："我国货币政策和财政政策的效用比较研究"，《数量经济技术经济研究》2002年第3期。

19. 李永友、丛树海："居民消费与中国财政政策的有效性：基于居民最优消费决策行为的经验分析"，《世界经济》2006年第5期。

20. 廖楚晖、刘鹏："中国公共资本对私人资本替代关系的实证研究"，《数量经济技术经济研究》2006年第7期。

21. 刘斌："货币政策冲击的识别及我国货币政策有效性的实证分析"，《金融研究》2001年第7期。

22. 刘金全、郭整风："我国居民储蓄率与经济增长之间的关系研究",《中国软科学》2002 年第 2 期。

23. 刘溶沧、马拴友:"赤字、国债与经济增长关系的实证分析——兼评积极财政政策是否有挤出效应",《经济研究》2001 年第 1 期。

24. 〔美〕罗斯托:《经济增长的阶段:非共产党宣言》,中国社会科学出版社 2001 年版。

25. 马拴友、于红霞、陈启清:"国债与宏观经济的动态分析",《经济研究》2006 年第 4 期。

26. 马拴友:《财政政策与经济增长》,经济科学出版社 2003 年版。

27. 米什金:《货币金融学》,中国人民大学出版社 1998 年版。

28. 庞皓、陈述云:"格兰杰因果检验的有效性及其应用",《统计研究》1999 年第 11 期。

29. 宋立:"我国货币政策信贷传导渠道存在的问题及其解决思路",《管理世界》2002 年第 2 期。

30. 万广华、张茵、牛建高:"流动性约束、不确定性与中国居民消费",《经济研究》2001 年第 5 期。

31. 汪红驹:《中国货币政策有效性研究》,中国人民大学出版社 2003 年版。

32. 王国松:"财政稳定与金融脆弱性:理论与中国的实证研究",《管理世界》2004 年第 7 期。

33. 王宏利:"中国政府支出调控对居民消费的影响",《世界经济》2006 年第 10 期。

34. 王文平:"财政支出、贸易条件与实际利率水平",《南方经济》2006 年 11 期。

35. 王志涛、文启湘:"政府消费、政府规模与经济全球化",《财政研究》2004年第9期。

36. 肖芸、龚六堂："财政分权框架下的财政政策和货币政策"，《经济研究》2003年第1期。

37. 谢建国、陈漓高："政府支出与居民消费——一个基于跨期替代模型的中国经验分析"，《当代经济科学》2002年第6期。

38. 阎坤、于树一："转轨背景下的公共支出结构失衡"，《经济研究参考》2004年第80期。

39. 杨子晖、田磊："中国经济与世界经济协同性研究"，《世界经济》2013年第1期。

40. 杨子晖、鲁晓东、温雪莲："储蓄—投资相关性及影响因素的国际研究——基于发展中国家的面板协整分析"，《国际金融研究》2009年第10期。

41. 杨子晖、温雪莲、陈浪南："政府消费与私人消费关系研究：基于面板单位根检验及面板协整分析"，《世界经济》2009年第11期。

42. 杨子晖、温雪莲："价格国际传递链中的'中国因素'研究"，《统计研究》2010年第2期。

43. 杨子晖、赵永亮、柳建华："CPI与PPI传导机制的非线性研究：正向传导还是反向倒逼？"，《经济研究》2013年第3期。

44. 杨子晖、赵永亮："非线性Granger因果检验方法的检验功效及有限样本性质的模拟分析"，《统计研究》2014年。

45. 杨子晖："'经济增长'与'二氧化碳排放'关系的非线性研究：基于发展中国家的非线性Granger因果检验"，《世界经济》2010年第10期。

46. 杨子晖："财政政策与货币政策对私人投资的影响研究——基

于有向无环图的应用分析",《经济研究》2008年第5期。

47. 杨子晖:"经济增长、能源消费与二氧化碳排放的动态关系研究",《世界经济》2011年第6期。

48. 杨子晖:"政府规模、政府支出增长与经济增长关系的非线性研究",《数量经济技术经济研究》,2011年第6期。

49. 杨子晖:"政府消费与居民消费:期内替代与跨期替代",《世界经济》2006年第8期。

50. 杨子晖:"政府消费与私人消费的期内替代和跨期替代——来自亚洲国家的面板协整分析",《统计研究》2006年第8期。

51. 杨子晖:"政府债务、政府消费与私人消费非线性关系的国际研究",《金融研究》2011年第11期。

52. 杨子晖:"中国输出了通货紧缩或通货膨胀?",《数量经济技术经济研究》2009年第9期。

53. 尹恒、叶海云:"政府债务挤出私人投资:国际证据",《统计研究》2005年第10期。

54. 尹恒:"政府债务妨碍长期经济增长:国际证据",《统计研究》2006年第1期。

55. 袁东、王晓锐:"关于公债挤出效应理论的几点认识",《财政研究》2000年第6期。

56. 袁志刚、宋铮:"人口年龄结构、养老保险制度与最优储蓄率",《经济研究》2000年第11期。

57. 苑德宇、张静静、韩俊霞:"居民消费、财政支出与区域效应差异——基于动态面板数据模型的经验分析",《统计研究》2010年第2期。

58. 约翰·伊特韦尔等编:《新帕尔格雷夫经济学大辞典》,经济科学出版社 1992 年版。

59. 张光南、杨子晖:"制度、基础设施与经济增长的实证研究——基于面板数据的分析",《经济管理》2009 年第 11 期。

60. 张海星:"我国国债挤出效应分析",《财政研究》2001 年第 2 期。

61. 张延:"中国财政政策的'挤出效应'——基于 1952—2008 年中国年度数据的实证分析",《金融研究》2010 年第 1 期。

62. 赵永亮、杨子晖:"民主参与对公共品支出偏差的影响考察",《管理世界》2012 年第 6 期。

63. 周小川:《中国金融改革两点关注:养老金体制和机构成长》,《金融体系改革:以史为鉴,面向未来》国际研讨会上的专题演讲,2003 年。

64. 周英章、蒋振声:"货币渠道、信用渠道与货币政策有效性——中国 1993—2001 年的实证分析和政策含义",《金融研究》2002 年第 9 期。

65. 庄子银、邹薇:"公共支出能否促进经济增长:中国的经验分析",《管理世界》2003 年第 7 期。

英文文献

1. Abdullah, D.A. and Rangazas, P.C. "Money and the Business Cycle: Another Look." *Review of Economics and Statistics* 70, 1988, pp. 680–685.

2. Ahmed, Habib and Miller, Stephen M. "Crowding-out and Crowding-in Effects of the Components of Government Expenditure." *Contemporary Economic Policy* 18, 2000, pp. 124–133.

3. Ahmed, Shaghil "Temporary and Permanent Government Spending in an Open Economy, Some Evidence for the United Kingdom." *Journal of Monetary Economics* 17, 1986, pp. 197 – 224.

4. Aiyagari, S. R and McGrattan, Ellen R. "The Optimum Quantity of Debt." *Journal of Monetary Economics* 42, 1998, pp. 447 – 469.

5. Aiyagari, S. R., Christiano, L. J. and Eichenbaum, M. "The Output, Employment, and Interest Rate Effects of Government Consumption." *Journal of Monetary Economics* 30, 1992, pp. 73 – 86.

6. Amano, R. A. and Wirjanto, T. S. "Government Expenditures and the Permanent-Income Model." *Review of Economic Dynamics* 1, 1998, pp. 719 – 730.

7. Amano, R. A. and Wirjanto, T. S. "Intratemporal Substitution and Government Spending." *Review of Economics and Statistics* 79, 1997, pp. 605 – 609.

8. Anderson, L.C. and Jordan, J.L. "Monetary and Fiscal Actions: A Test of their Relative Importance in Economic Stabilization." *Federal Reserve Bank of St. Louis Review* 50, 1968, pp. 11 – 23.

9. Ando, A. and Modigliani, F. "The 'Life Cycle' Hypothesis of Saving: Aggregate Implications and Test." *American Economic Review* 53, 1963, pp. 55 – 84.

10. Andrews, D. and Monahan, C. "An Improved Heteroskedasticity and Autocorrelation Consistent Covariance Matrix Estimator." *Econometrica* 60, 1992, pp. 953 – 966.

11. Ansari, M. I. "Monetary vs. Fiscal Policy: Some Evidence from Vector Autoregression for India." *Journal of Asian Economics* 7,

1996, pp. 677 - 698.

12. Argimón, Isabel, Gonzálex-Páramo, José M. and Roldán, José M. "Evidence of Public Spending Crowding-out from a Panel of OECD Countries." *Applied Economics* 29, 1997, pp. 1001 - 1010.

13. Aschauer, D. A. "Fiscal Policy and Aggregate Demand." *American Economic Review* 75, 1985, pp. 117 - 127.

14. Aschauer, D. A. "Fiscal Policy and Aggregate Demand: Reply." *American Economic Review* 83, 1993, pp. 667 - 669.

15. Aschauer, D.A. "Does Public Capital Crowd Out Private Capital." *Journal of Monetary Economics* 24, 1989, pp. 171 - 188.

16. Aslanidis, N. and Iranzo, S. "Environment and Development: Is there a Kuznets Curve for CO2 Emissions", *Applied Economics* 41, 2009, pp. 803 - 810.

17. Aslanidis, N. and Xepapadeas, A. "Regime Switching and the Shape of the Emission-Income Relationship", *Economic Modelling* 25, 2008, pp. 731 - 739.

18. Auteri, M. and Costantini, M. "A Panel Cointegration Approach to Estimating Substitution Elasticities in Consumption." *Economic Modelling* 27, 2010, pp. 782 - 787.

19. Awokuse, T. and Bessler, D. "Vector Autoregressions, Policy Analysis, and Directed Acyclic Graphs: An Application to the U.S. Economy." *Journal of Applied Economics* 6, 2003, pp. 1 - 24.

20. Bai, J. and Ng, S. "A Panic Attack on Unit Roots and Cointegration." *Econometrica* 72, 2004, pp. 1127 - 1177.

21. Bailey, Martin. *National Income and the Price Level*, 2d. 3d., New

York: McGraw-Hill, 1971.

22. Bairam, Erkin and Ward, Bert. "The Externality Effect of Government Expenditure on Investment in OECD Countries." *Applied Economics* 25, 1993, pp. 711–716.

23. Baltagi, B.H. *Econometric Analysis of Panel Data*, 2nd ed., New York: John Wiley & Sons, 2001.

24. Banerjee, A., Marcellino, M. and Osbat, C. "Testing for PPP: Should We Use Panel Methods." *Empirical Economics* 30, 2004, pp. 77–91.

25. Barro, R. and Sala-i-Martin, X. *Economic Growth*, New York: McGraw-Hill, 1995.

26. Barro, Robert J. "Are Government Bonds Net Wealth." *Journal of Political Economy* 82, 1974, pp. 1095–1117.

27. Barro, Robert J. "Government Spending in a Simple Model of Endogenous Growth." *Journal of Political Economy* 98, 1990, pp. 103–125.

28. Barro, Robert J. "Output Effects of Government Purchases." *Journal of Political Economy* 84, 1981, pp. 1086–1121.

29. Baxter, M. and King, R.G. "Fiscal Policy in General Equilibrium." *American Economic Review* 83, 1993, pp. 315–334.

30. Bean, Charles R. "The Estimation of Surprise Models and the Surprise Consumption Function." *Review of Economic Studies* 53, 1986, pp. 497–516.

31. Berben, Robert-Paul and Brosens, Teunis, "The Impact of Government Debt on Private Consumption in OECD Countries." *Economics*

Letters 94, 2007, pp. 220 – 225.

32. Berben, Robert-Paul and Brosens, Teunis. "The Impact of Government Debt on Private Consumption in OECD Countries." *Economics Letters* 94, 2007, pp. 220 – 225.

33. Béreauy, S., Villavicencioz, A. L., and Mignon, V. "Nonlinear Adjustment of the Real Exchange Rate Towards its Equilibrium Value: A Panel Smooth Transition Error Correction Modeling." *Economic Modelling* 27, 2010, pp. 404 – 416

34. Bernanke, B. "Alternative Explanations of the Money-income Correlation." *Carnegie-Rochester Conference Series on Public Policy* 25, 1986, pp. 49 – 99.

35. Bernanke, B. and Blinder, A. "Credit, Money and Aggregate Demand." *American Economic Review* 78, 1988, pp. 435 – 439.

36. Bernheim, B. D. "A Neoclassical Perspective on Budget Deficits." *Journal of Economic Perspectives* 3, 1989, pp. 55 – 72.

37. Bhattacharya, R. and Mukherjee, S. "Private Sector Consumption and Government Consumption and Debt in Advanced Economies: An Empirical Study." IMF Working Paper, 2010, No. 10/264.

38. Bhattacharya, Rina. "Private Sector Consumption Behavior and Non-Keynesian Effects of Fiscal Policy." IMF Working Paper, 1999, WP/99/112.

39. Blanchard, O. and R. Perotti. "An Empirical Characterization of the Dynamic Effects of Changes in Government Spending and Taxes on Output." *The Quarterly Journal of Economics* 117, 2002, pp. 1329 – 1368.

40. Boskin, M. J. "Concepts and Measures of Federal Deficits and Debt and Their Impact on Economic Activity." *The Economics of Public Debt*, 1988.

41. Breitung, J. "The Local Power of Some Unit Root Tests for Panel Data." in B. Baltagi (ed), *Advances in Econometrics* 15: *Nonstationary Panels, Panel Cointegration, and Dynamic Panels*, Amsterdam: JAI Press, 2000, pp. 161 – 178.

42. Campbell, John Y. and Mankiw, Gregory N. "Permanent Income, Current Income, and Consumption." *Journal of Business and Economic Statistics* 8, 1990, pp. 265 – 279.

43. Chang, Y. "Nonlinear IV Unit Root Tests in Panels with Cross-Sectional Dependency." *Journal of Econometrics* 110, 2002, pp. 261 – 292.

44. Chiu, R-L. "The Intratemporal Substitution between Government Spending and Private Consumption: Empirical Evidences from Taiwan." *Asian Economic Journal* 15, 2001, pp. 313 – 323.

45. Choi, I. "Combination Unit Root Tests for Cross-Sectionally Correlated Panels." in Corbae, D., Durlauf, S. and Hansen, B. (eds), *Econometric Theory and Practice: Frontiers of Analysis and Applied Research, Essays in Honor of Peter C. B. Phillips*, Cambridge: Cambridge University Press, 2006.

46. Choi, I. "Unit Root Tests for Panel Data." *Journal of International Money and Finance* 20, 2001, pp. 249 – 272.

47. Chowdhury, Abdur R., Fackler, James S. and McMillin, W. Douglas. "Monetary Policy, Fiscal Policy, and Investment Spending: An

Empirical Analysis." *Southern Economic Journal* 52, 1986, 794 – 806.

48. Colletaz, G. and Hurlin, C. "Threshold Effects in The Public Capital Productivity: An International Panel Smooth Transition Approach", Document de Recherche du Laboratoire d'Economie d'Orléans 2006 – 1.

49. Cooley, T. and LeRoy, S. "Atheoretical Macroeconomics: A Critique." *Journal of Monetary Economics* 16, 1985, pp. 283 – 308.

50. Correia-Nunes, Jose and Stemitsiotis, Loukas. "Budget Deficit and Interest Rates: Is there a Link? International Evidence." *Oxford Bulletin of Economics and Statistics* 57, 1995, pp. 425 – 449.

51. Davies, R. B. "Hypothesis Testing when a Nuisance Parameter is Present only under the Alternative", *Biometrika* 64, 1977, pp. 247 – 254.

52. De Long, J. B. and Summers, L. H. "Macroeconomic Policy and Long-run Growth." *Federal Reserve Bank of Kansas City, Economic Review* 77, 1992, pp. 5 – 29.

53. Delatte, Anne-Laure and Fouquau, Julien, "The Determinants of International Reserves in The Emerging Countries: A Nonlinear Approach", *Applied Economics* 43, 2011, pp. 4179 – 4192.

54. Destais, G., Fouquau, J. and Hurlin, C. "Energy Demand Models: A Threshold Panel Specification of The Kuznets Curve." *Applied Economic Letters* 19, 2009, pp. 1241 – 1244.

55. Devereux, Michael B., Head, Allen C. and Lapham, Beverly J. "Monopolistic Competition, Increasing Returns, and the Effects of

Government Spending." *Journal of Money, Credit, and Banking* 28, 1996, pp. 233 – 254.

56. Diamond, Peter A. "National Debt in a Neoclassical Growth Model." *American Economic Review* 55, 1965, pp. 1126 – 1150.

57. Easterly, W. and Rebelo, S. "Fiscal Policy and Economic Growth: An Empirical Investigation." *Journal of Monetary Economics* 32, 1993, pp. 458 – 493.

58. Elder, Erick M. "Investment Effects of Departures from Governmental Present-value Budget Balance." *Applied Economics* 10, 1999, pp. 1239 – 1247.

59. Elmendorf, Douglas W. and Mankiw, N. Gregory, "Government Debt." NBER Working Paper, 1998, No.6470.

60. Enders, Walter. *Applied Econometric Time Series* (2nd edition), New York: John Wiley & Sons, 2004.

61. Erenburg, S. J. "The Real Effects of Public Investment on Private Investment." *Applied Economics* 25, 1993, pp. 831 – 837.

62. Erenburg, S. J. and Wohar, M. E. "Public and Private Investment: Are There Causal Linkages." *Journal of Macroeconomics* 17, 1995, pp. 1 – 30.

63. Esteve, V. and Sanchis-Llopis, J. "Estimating the Substitutability between Private and Public Consumption: The Case of Spain, 1960 – 2003." *Applied Economics* 37, 2006, pp. 2327 – 2334.

64. Evans, P. and Karras, G. "Liquidity Constraints and the Substitutability between Private and Government Consumption: The Role of Military and Non-military Spending." *Economic Inquiry* 36, 1998,

pp. 203－214.
65. Evans, P. and Karras, G. "Private and Government Consumption with Liquidity Constraints." *Journal of International Money and Finance* 15, 1996, pp. 255－266.
66. Feldstein, M. "Government Deficits and Aggregate Demand." *Journal of Monetary Economics* 9, 1982, pp. 1－20.
67. Fisher, Stanley. "The Role of Macroeconomic Factors in Growth." *Journal of Monetary Economics* 32, 1993, pp. 485－512.
68. Fouquau, J., Hurlin, C., and Rabaud, I. "The Feldstein-Horioka Puzzle: A Panel Smooth Transition Regression Approach", *Economic Modelling* 25, 2008, pp. 284－299.
69. Friedman, M. and Meiselman, D. "The Relative Stability of Monetary Velocity and the Investment Multiplier in the United States, 1887－1958." in *Stabilization Policies*. Englewood: Prentice Hall, 1963.
70. Furceri, D. and Sousa, R. "The Impact of Government Spending on the Private Sector: Crowding out versus Crowding-in Effects", NIPE Working Papers, 2009.
71. Gali, J., Lopez-Salido, J.D. and Valles, J. "Understanding the Effects of Government Spending on Consumption", *Journal of the European Economic Association* 5, 2007, pp. 227－270.
72. Garber, Peter M. and King, Robert G. "Deep Structural Excavation? A Critique of Euler Equation Methods." NBER Technical Working Paper 31, 1983, Cambridge, Mass.
73. Gengenbach, Christian, Palm, Franz C. and Urbain, Jean-Pierre.

"Cointegration Testing in Panels with Common Factors." *Oxford Bulletin of Economics and Statistics* 68, 2006, pp. 683 – 719.

74. González, A., Teräsvirta, T. and van Dijk, D. "Panel Smooth Transition Regression Model", Working Paper Series in Economics and Finance , 2005,.

75. Graham, F. C. "Fiscal Policy and Aggregate Demand: Comment." *American Economic Review* 83, 1993, pp. 659 – 666.

76. Graham, F. C. and Himarios, D. "Fiscal Policy and Private Consumption: Instrumental Variables Tests of the Consolidated Approach." *Journal of Money, Credit and Banking* 23, 1991, pp. 53 – 67.

77. Granger, C. W. J. "Investigating Causal Relations by Econometric Models and Cross-Spectral Methods." *Econometrica* 37, 1969, pp. 424 – 438.

78. Gujarati, Damodar N. *Basic Econometrics* (4th Edition), McGraw-Hill, 2003.

79. Gupta, Kanhaya L. "Ricardian Equivalence and Crowding Out in Asia." *Applied Economics* 24, 1992, pp. 19 – 25.

80. Gutierrez, L. "Panel Unit-Root Tests for Cross-Sectionally Correlated Panels: A Monte Carlo Comparison." *Oxford Bulletin of Economics and Statistics* 68, 2006, pp. 519 – 540.

81. Hadri, K. "Testing for Stationarity in Heterogeneous Panel Data." *Econometric Journal* 3, 2000, pp. 148 – 161.

82. Haigh, M.S. and Bessler, D.A. "Causality and Price Discovery: An Application of Directed Acyclic Graphs." *Journal of Business*, in

press, 2004.

83. Hall, R.E. "Stochastic Implications of the Life-cycle Permanent Income Hypothesis: Theory and Evidence." *Journal of Political Economy* 86, 1978, pp. 971 – 87.

84. Hamori, S. and Asako, K. "Government Consumption and Fiscal Policy: Some Evidence from Japan." *Applied Economics Letters* 6, 1999, pp. 551 – 555.

85. Hansen, B. E. "Tests for Parameter Instability in Regressions with I(1) Processes." *Journal of Business and Economic Statistics*, 10, 1992, pp. 321 – 335.

86. Hansen, B.E. "Threshold Effects in Non-Dynamic Panels: Estimation, Testing and Inference", *Journal of Econometrics* 93, 1999, pp. 345 – 368.

87. Hansen, H. and Johansen, S. "Some Tests for Parameter Constancy in Cointegrated VAR-models." *Econometrics Journal* 2, 1999, pp. 306 – 333.

88. Haque, N.U. and Montiel, P. "Consumption in Developing Countries: Tests for Liquidity Constraints and Finite Horizons." *The Review of Economics and Statistics* 71, 1989, pp. 408 – 415.

89. Ho, Tsung-Wu. "Cointegration, Government Spending and Private Consumption: Evidence from Japan." *Japanese Economic Review* 55, 2004, pp. 162 – 174.

90. Ho, Tsung-Wu. "Consumption and Government Spending Substitutability Revisited: Evidence from Taiwan." *Scottish Journal of Political Economy* 48, 2001b, pp. 589 – 604.

91. Ho, Tsung-Wu. "The Government Spending and Private Consumption: A Panel Cointegration Analysis." *International Review of Economics and Finance* 10, 2001a, pp. 95–108.

92. Horvath, M. "The Effect of Government Spending Shocks on Consumption under Optimal Stabilisation", *European Economic Review* 53, 2009, pp. 815–29.

93. Hsiao, C. *Analysis of Panel Data*, 2nd ed., Cambridge: Cambridge University Press, 2003.

94. Hsiao, C. and Mountain, D.C. "A Framework for Regional Modeling and Impact Analysis-An Analysis of the Demand for Electricity by Large Municipalities in Ontario, Canada." *Journal of Regional Science* 34, 1994, pp. 361–385.

95. Hsiao, C. and Tahmiscioglu, A.K. "A Panel Analysis of Liquidity Constraints and Firm Investment." *Journal of the American Statistical Association* 92, 1997, pp. 455–465.

96. Hsiao, C., *Analysis of Panel Data*, Second Edition, Cambridge University Press 2003.

97. Im, K. S., Pesaran, M. H. and Shin, Y. "Testing for Unit Roots in Heterogeneous Panels." *Journal of Econometrics* 115, 2003, pp. 53–74.

98. Johansen, S. "Estimation and Hypothesis Testing of Cointegration Vectors in Gaussian Vector Autoregressive Models." *Econometrica* 59, 1991, pp. 1551–1580.

99. Johansen, S. "Statistical Analysis of Cointegrating Vectors." *Journal of Economic Dynamics and Control* 12, 1988, pp. 231–254.

100. Karras, G. "Government Spending and Private Consumption: Some International Evidence." *Journal of Money, Credit, and Banking* 26, 1994, pp. 9 – 22.

101. Keynes, John Maynard. *A Tract on Monetary Reform*, London: Macmillan, 1923.

102. Khalid, A. M. "Ricardian Equivalence: Empirical Evidence from Developing Economies." *Journal of Development Economics* 51, 1996, pp. 413 – 432.

103. Knot, K.H.W. and de Haan, J. "Deficit Announcements and Interest Rates: Evidence for Germany." *Journal of Policy Modeling* 21, 1999, pp. 559 – 577.

104. Knot, K.H.W. and de Haan, J. "Fiscal Policy and Interest Rates in the European Community." *European Journal of Political Economy* 11, 1995, pp. 171 – 187.

105. Kormendi, R. C. "Government Debt, Government Spending, and Private Sector Behavior." *American Economic Review* 73, 1983, pp. 994 – 1010.

106. Kuehlwein, Michael. "Evidence on the Substitutability between Government Purchases and Consumer Spending within Specific Spending Categories." *Economics Letters* 58, 1998, pp. 325 – 329.

107. Kwan, Y.K. "The Direct Substitution between Government and Private Consumption in East Asia." NBER-East Asia Seminar on Economics, vol. 16, NBER, Chicago: University of Chicago Press, 2005, pp. 1 – 19.

108. Kwan, Y.K. "The Direct Substitution between Government and

Private Consumption in East Asia", NBER-East Asia Seminar on Economics, vol. 16, NBER, Chicago: University of Chicago Press, , 2006, 1 – 19.

109. Laopodis, Nikiforos T. "Effects of Government Spending on Private Investment." *Applied Economics* 12, 2001, pp. 1563 – 1577.

110. Lesage, James. "The Impact of Collinearity on Granger Causality Tests." Working paper, Bowling Green State University, 1986.

111. Lettau, M. and Ludvigson, S. "Understanding Trend and Cycle in Asset Values: Bulls, Bears, and the Wealth Effect on Consumption." mimeo, Federal Reserve Bank of New York, 2001.

112. Levin, A. and Lin, C.F. "Unit Root Test in Panel Data: Asymptotic and Finite Sample Properties." University of California at San Diego, Discussion Paper, 1992, pp. 92 – 93.

113. Levin, A., Lin, C. F. and Chu, C. "Unit Root Tests in Panel Data: Asymptotic and Finite – Sample Properties." *Journal of Econometrics* 108, 2002, pp. 1 – 24.

114. Levine, Ross and Renelt, David. "A Sensitivity Analysis of Cross-Country Growth Regressions." *American Economic Review* 82, 1992, pp. 942 – 963.

115. López-Villavicencio, A. and Silva, J. I. "Employment Protection and the Non-Linear Relationship between the Wage-Productivity Gap and Unemployment." *Scottish Journal of Political Economy* 58, 2011, pp. 200 – 220.

116. Ludwig, A. and Sløk, T. "The Impact of Changes in Stock Prices and House Prices on Consumption in OECD Countries." IMF working

paper, 2002, WP/02/1

117. Luukkonen, R., Saikkonen, P. and Terasvirta, T. "Testing Linearity against Smooth Transition Autoregressive Models", *Biometrika* 75, 1988, pp. 491 – 499.

118. Maddala, G. S. and Wu, S. "A Comparative Study of Unit Root Tests with Panel Data and a New Simple Test." *Oxford Bulletin of Economics and Statistics* 61, 1999, pp. 631 – 652.

119. McCulloch, J. Huston "The Austrian Theory of the Marginal Use and of Ordinal Marginal Utility." *Zeitschrift für Nationalökonomie* 37, 1977, pp. 249 – 280.

120. Modigliani, Franco and Cao, Shi Larry. "The Chinese Saving Puzzle and the Life-Cycle Hypothesis." *Journal of Economic Literature* 42, 2004, pp. 145 – 170.

121. Moon, H. R. and Perron, B. "Testing for a Unit Root in Panels with Dynamic Factors." *Journal of Econometrics* 122, 2004, pp. 81 – 126.

122. Mueller, Dennis C. *Public Choice* III, Cambridge University Press, 2003.

123. Newey, Whitney and West, Kenneth. "Automatic Lag Selection in Covariance Matrix Estimation." *Review of Economic Studies* 61, 1994, pp. 631 – 653.

124. Ni, Shawn. "An Empirical Analysis on the Substitutability between Private Consumption and Government Purchases." *Journal of Monetary Economics* 36, 1995, pp. 593 – 605.

125. Nieh, Chien-Chung and Ho, Tsung-wu. "Does the Expansionary

Government Spending Crowd Out the Private Consumption? Cointegration Analysis in Panel Data." *The Quarterly Review of Economics and Finance* 46, 2006, pp. 133 – 148.

126. O'Connell, P. "The Overvaluation of Purchasing Power Parity." *Journal of International Economics* 44, 1998, pp. 1 – 19.

127. Okubo, Masakatsu. "Intratemporal Substitution between Private and Government Consumption: The Case of Japan." *Economics Letters* 79, 2003, pp. 75 – 81.

128. Omay, T. and Kan E. O. "Re-examining the Threshold Effects in the Inflation-Growth. Nexus: OECD Evidence", *Economic Modelling* 27, 2010, pp. 996 – 1005.

129. Osterwald-Lenum, M. "A Note with Quantiles of the Asymptotic Distributions of the Maximum Likelihood Cointegration Ranks Test Statistics: Four Cases." *Oxford Bulletin of Economics and Statistics* 54, 1992, pp. 461 – 472.

130. Owoye, Oluwole and Onafowora, Olugbenga A. "The Relative Importance of Monetary and Fiscal Policies in Selected African Countries."*Applied Economics* 26, 1994, pp. 1083 – 1091.

131. Pearl, J. "Causal Diagrams for Empirical Research." *Biometrika* 82, 1995, pp. 669 – 710.

132. Pearl, J. *Causality*, Cambridge: Cambridge University Press, 2000.

133. Pedroni, P. "Critical Values for Cointegration Tests in Heterogeneous Panels with Multiple Regressors." *Oxford Bulletin of Economics and Statistics*, special issues, 1999, pp. 653 – 670.

134. Pedroni, P. "Fully Modified OLS for Heterogeneous Cointegrated Panels." *Advances in Econometrics* 15, 2000, pp. 93 – 130.
135. Pedroni, P. "Panel Cointegration, Asymptotic and Finite Sample Properties of Pooled Time Series Tests with an Application to the PPP Hypothesis." *Econometric Theory* 20, 2004, pp. 597 – 625.
136. Pedroni, P. "Purchasing Power Parity Tests in Cointegrated Panels." *Review of Economics and Statistics* 83, 2001, pp. 723 – 741.
137. Perron, P. "Test Consistency with Varying Sampling Frequency." *Econometric Theory* 7, 1991, pp. 341 – 368.
138. Perron, P. "Testing for a Random Walk: A Simulation Experiment of Power when the Sampling Interval is Varied." In B. Jaj(ed.), *Advances in Econometrics and Modeling*, 1989, pp. 47 – 68.
139. Pesaran, M. H. "A Simple Panel Unit Root Test in the Presence of Cross-section Dependence." *Journal of Applied Econometrics* 22, 2007, pp. 265 – 312.
140. Phillips, P. C. B. and Sul, D. "Dynamic Panel Estimation and Homogeneity Testing under Cross Section Dependence." *Econometrics Journal* 6, 2003, pp. 217 – 259.
141. Phillips, Peter C. B. and Hansen, B. E. "Statistical Inference in Instrumental Variables Regression with I(1) Processes." *Review of Economic Studies* 57, 1990, pp. 99 – 125.
142. Pierse, R.G. and Snell, A.J. "Temporal Aggregation and the Power of Tests for Unit Root." *Journal of Econometrics* 65, 1995, pp. 335 – 345.
143. Plosser, C.I. "Fiscal Policy and the Term Structure." *Journal of*

Monetary Economics 20, 1987, pp. 343 – 367.

144. Poterba, J. M. and Samwick, A. A. "Stock Ownership Patterns, Stock Market Fluctuations and Consumption." *Brookings Papers on Economic Activity*, 2, 1995, pp. 295 – 357.

145. Quah, D. "Exploiting Cross-Section Variations for Unit Root Inference in Dynamic Data." *Economics Letters* 44, 1994, pp. 9 – 19.

146. Scheines, R., Spirtes, P., Glymour, C. and Meek, C. *TETRAD II Tools for Causal Modeling: User's Manual and Software*, New Jersey: Lawrence Erlbaum Associates, Inc, 1994.

147. Seater, J. J. and Mariano, R. S. "New Tests of the Life-Cycle and Tax Discounting Hypotheses." *Journal of Monetary Economics* 15, 1985, pp. 195 – 215.

148. Seater, John J. "Ricardian Equivalence." *Journal of Economic Literature* 31, 1993, pp. 142 – 190.

149. Shiller, R. and Perron, P. "Testing the Random Walk Hypothesis: Power versus Frequency of Observation." *Economic Letters* 18, 1985, pp. 381 – 386.

150. Sims, Christopher A. "Are Forecasting Models Usable for Policy Analysis." *Federal Reserve Bank of Minneapolis Quarterly Review* 10, 1986, pp. 2 – 16.

151. Sims, Christopher A. "Macroeconomics and Reality." *Econometrica* 48, 1980, pp. 1 – 48.

152. Sims, Christopher A. "Money, Income, and Causality." *American Economic Review* 62, 1972, pp. 540 – 552.

153. Spirtes, P., Glymour, C. and Scheines, R. *Causation, Predic-*

tion, and Search, New York: Springer-Verlag, 1993.

154. Stiglitz, Joseph E. and Weiss, Andrew. "Credit Rationing in Markets with Imperfect Information." *American Economic Review* 71, 1981, pp. 393 – 410.

155. Stock, J. H. and Watson, M. W. "A Simple Estimator of Cointegrating Vectors in Higher Order Integrated Systems." *Econometrica* 61, 1993, pp. 783 – 820.

156. Sutherland, A. "Fiscal Crises and Aggregate Demand: Can High Public Debt Reverse the Effects of Fiscal Policy." *Journal of Public Economics* 65, 1997, pp. 147 – 162.

157. Swanson, N.R. and Granger, C.W.J. "Impulse Response Functions Based on a Causal Approach to Residual Orthogonalization in Vector Autoregressions." *Journal of the American Statistical Association* 92, 1997, pp. 357 – 367.

158. Voss, G.M. "Public and Private Investment in the United States and Canada." *Economic Modelling* 19, 2002, pp. 641 – 644.

159. Westerlund, J. "A Panel CUSUM Test of the Null of Cointegration." *Oxford Bulletin of Economics and Statistics* 2005a, 67, pp. 231 – 262.

160. Westerlund, J. "New Simple Tests for Panel Cointegration." *Econometric Reviews* 24, 2005b, pp. 297 – 316.

161. Westerlund, J. "Panel Cointegration Tests of the Fisher Hypothesis." *Journal of Applied Econometrics* 23, 2008, pp.193 – 233.

162. Xiao, Z. "A Residual Based Test for the Null Hypothesis of Cointegration." *Economics Letters* 64, 1999, pp. 133 – 141.

163. Xiao, Z. and Phillips, P. C. B. "A CUSUM Test for Cointegration using Regression Residuals." *Journal of Econometrics* 108, 2002, pp. 43–61.

164. Yang, Jian, Guo, Hui, and Wang, Zijun. "International Transmission of Inflation among G-7 Countries." *Journal of Banking & Finance*, 2006, pp. 1–20.

165. Yang, Jian., Yang, Zihui, and Zhou, Yinggang. "Intraday Price Discovery and Volatility Transmission in Stock Index and Stock Index Futures Markets: Evidence from China." *Journal of Futures Markets* 26, 2012, pp. 99–121.